O CRISTÃO E A CASA MAL-ASSOMBRADA

Gary Jansen

O CRISTÃO E A CASA MAL-ASSOMBRADA

Tradução
DENISE DE C. ROCHA DELELA

A **História Real** de um Bom Moço Católico (ou quase) que passou a acreditar em **Fantasmas**

Pensamento
São Paulo

Título do original: *Holly Ghosts*.

Copyright © 2010 Gary Jansen.

Copyright da edição brasileira © 2012 Editora Pensamento-Cultrix Ltda.

Publicado mediante acordo com Penguin Books Ltd, Registered Offices: 80 Strand, London WC2R 0RL, England

Texto de acordo com as novas regras ortográficas da língua portuguesa.

1ª edição 2012.

Todos os direitos reservados. Nenhuma parte desta obra pode ser reproduzida ou usada de qualquer forma ou por qualquer meio, eletrônico ou mecânico, inclusive fotocópias, gravações ou sistema de armazenamento em banco de dados, sem permissão por escrito, exceto nos casos de trechos curtos citados em resenhas críticas ou artigos de revistas.

A Editora Pensamento não se responsabiliza por eventuais mudanças ocorridas nos endereços convencionais ou eletrônicos citados neste livro.

Coordenação editorial: Denise de C. Rocha Delela e Roseli de S. Ferraz.
Revisão: Indiara Faria Kayo.
Diagramação: Fama Editoração Eletrônica.

Dados Internacionais de Catalogação na Publicação (CIP)
(Câmara Brasileira do Livro, SP, Brasil)

Jansen, Gary
 O cristão e a casa mal-assombrada : a história real de um bom moço católico / Gary Jansen ; tradução Denise de C. Rocha Delela. — São Paulo : Pensamento, 2012.

 Título original: Holly ghosts
 ISBN 978-85-315-1780-8
 1. Casas mal-assombradas — Nova York — (Estado) — Rockville Centre 2. Igreja Católica e espiritismo 3. Jansen, Gary I. Título.

11-14822
              CDD-133.12974

Índices para catálogo sistemático:
1. Nova York : Estado : Casas mal-assombradas : Parapsicologia 133.12974

Direitos de tradução para o Brasil
adquiridos com exclusividade pela
EDITORA PENSAMENTO-CULTRIX LTDA.
Rua Dr. Mário Vicente, 368 — 04270-000 — São Paulo, SP
Fone: (11) 2066-9000 — Fax: (11) 2066-9008
E-mail: atendimento@editorapensamento.com.br
http://www.editorapensamento.com.br
que se reserva a propriedade literária desta tradução.
Foi feito o depósito legal.

Para a minha mãe

Em geral se supõe que, entre outras restrições, os católicos não tenham permissão para acreditar em fantasmas assim como têm para ler a bíblia. Essa pode ser uma crença popular, mas alguns incidentes fazem com que essa regra seja violada constantemente. Os católicos, tanto os leigos quanto o clero, fazem relatos de histórias de fantasmas ou do que chamam de "fenômenos parapsíquicos". Muitos outros já os testemunharam, mas se negam a dizer mais do que isso.

— *Shane Leslie' Ghost Book*

Vou repetir pela milésima vez, fantasmas não existem!

— *Fred Jones, Scooby-Doo*

ANTES DE COMEÇAR

Poucos meses antes de eu me convencer de que a nossa casa em Long Island era assombrada, acordei de repente, no meio da noite, depois de um sonho. Pela primeira vez nas últimas semanas, a noite parecia tranquila. Eu estava em meu quarto. Sozinho. Minha esposa e nosso filho estavam dormindo na casa da mãe dela por alguns dias, enquanto eu me dedicava a um livro que estava escrevendo. Momentos antes, eu dormia, mas agora estava bem acordado. Lembro-me de ter pensado que gostaria de acordar alerta daquele jeito todos os dias para trabalhar, em vez de grogue e cansado como de costume. Embora o sonho fosse surpreendente e, ao que parecia, inacessível à minha memória, eu não sentia medo. Pelo contrário, me senti muito vivo e consciente de tudo ao meu redor: a cama, o cobertor, a atmosfera do quarto, a temperatura, o contorno dos móveis e os feixes da luz tênue que vinha da rua através da cortina parcialmente aberta. Tudo no quarto parecia respirar, e eu sentia uma estranha espécie de união com tudo ao meu redor.

Enquanto olhava o ambiente e ouvia os sons da noite, eu estava muito consciente do meu corpo e da textura das roupas em meus ombros e pernas.

Podia sentir meu cabelo e certas partes das minhas costas que pareciam pressionar com mais força o colchão do que outras. Comecei a pensar na minha pele e em como ela recobria todo o meu corpo, uma paisagem cheia de curvas e relevos. Então fiquei muito atento ao que estava abaixo da superfície: os meus ossos e órgãos. Imaginei o coração bombeando sangue através das veias e artérias. Podia imaginar meus pulmões expandindo-se e contraindo-se. Podia ver meu estômago em movimento, digerindo a comida ingerida no início da noite. Vi meu fígado e rins limpando as toxinas do meu corpo. Toda essa atividade estava acontecendo logo abaixo da superfície da minha pele e eu me esforcei para ouvir atentamente tudo isso — e você sabe o que eu ouvi?

Nada.

Silêncio.

Eu não conseguia ouvir meu coração batendo. Não conseguia ouvir os ácidos do meu estômago digerindo a comida que estava ali. Não conseguia nem ouvir a minha própria respiração. Eu não estava morto. E não era uma experiência fora do corpo, era uma experiência totalmente *dentro* do corpo. Percebi pela primeira vez na vida que o nosso corpo é na verdade silencioso, a menos que estejamos falando ou sofrendo algum tipo de desequilíbrio orgânico. Certamente, meu estômago ia roncar de vez em quando ou eu teria um acesso de soluços de tempos em tempos, mas aquelas eram exceções.

Na maioria das vezes, o meu corpo não fazia nenhum barulho (ou pelo menos não que eu pudesse ouvir). Naquele momento fiquei muito consciente de que, por baixo da pele, três centímetros abaixo da superfície do meu corpo exterior, havia um mundo silencioso e invisível que regulava e influenciava minha vida o tempo todo. Era, de muitas maneiras, um reino invisível, um lugar repleto de atividade e energia, que existia por suas próprias regras e ao qual eu estava totalmente conectado. Era também um mundo do qual eu tinha muito pouco controle. Claro, eu poderia mudar o ritmo da minha respiração ou comer um alimento que acelerasse o meu ritmo cardíaco, mas nunca poderia fazer meus pulmões funcionarem como se fossem meu pâncreas. Eu não poderia fazer meu cérebro funcionar como

ANTES DE COMEÇAR

o meu esôfago. Cada órgão tinha a sua própria função e geralmente funcionava harmoniosamente se não houvesse nada errado.

Enquanto estava lá deitado, pensando nessas coisas, eu me perguntei: não seria possível que existisse um mundo de espíritos, um mundo invisível de fantasmas, anjos e demônios, a menos de três centímetros de distância da nossa existência física? Um mundo mais silencioso (a menos que estivesse fora de equilíbrio), que tivesse suas próprias regras e fosse tão influente e importante em nossa vida diária como nosso próprio corpo é?

Na época, estranhas ocorrências estavam acontecendo em minha casa, um caso clássico de assombrações, se prefere chamar assim — ruídos inexplicáveis, estranhas anomalias elétricas, calafrios, objetos movendo-se sozinhos —, e eu não sabia como responder à minha própria pergunta. No que se trata de um mundo invisível de espíritos, tudo o que eu poderia dizer era que acreditava em Deus, e já tinha bastante dificuldade para acreditar nele, que diria um mundo sobrenatural povoado de aparições diáfanas, querubins de cartões de Natal e diabinhos de cavanhaque pontudo e forcado na mão. E mesmo se um mundo como aquele existisse, que importância ele tinha na minha vida?

Com o tempo, descobri que tinha uma importância *tremenda*.

Este é um livro sobre como eu passei a acreditar em espíritos, anjos, demônios, e nas coisas estranhas e inexplicáveis que nos assombram à noite. Como sou católico devoto, embora um tanto relapso, e editor e escritor de religião e espiritualidade, essa crença pode não parecer um passo tão grande. Afinal de contas, quase todas as religiões, incluindo o catolicismo, de uma maneira ou de outra, partem de um evento sobrenatural — "No início Deus criou o universo" — e as suas sagradas escrituras, desde o Torá até o Novo Testamento, passando pelo Alcorão e os Upanishads, são ricas em histórias de seres pertencentes a um mundo invisível — alguns bons, outros ruins —, desejosos de ajudar ou prejudicar seres humanos desavisados. Seja falando de anjos ou demônios, como Miguel, Satanás ou o demoníaco *shedim*, presentes no cristianismo e no judaísmo; ou os *djinn*, as criaturas invisíveis e perigosas do islamismo, feitas de fogo sem fumaça; ou os *rakshasa*, espíritos noturnos errantes do hinduísmo; ou os *preta*, almas perdidas e famintas do budismo —, a religião sempre falou de um mundo invisível e influente, em meio à nossa existência física aqui na Terra. Durante milênios, o mundo invisível foi um mundo muito real, de fato.

Mas nos tempos modernos, quando grande parte da tradição foi suprimida e substituída pela tecnologia, muitas dessas crenças caíram no esquecimento, consideradas por muitos, até mesmo dentro da religião organizada, como um resquício inútil de uma era ignorante e pouco esclarecida. Anjos, demônios, fantasmas e espíritos, por sua vez, têm sido relegados a um mundo de contos de fadas, metáforas, mitos, lendas e superstições (e são um tema excelente para novelas, filmes e séries de TV). Talvez isso seja bom. Não há como negar que a crença em bruxas e demônios levou à morte milhares de pessoas durante as muitas inquisições europeias que a Igreja Católica organizou, entre o final do século XII e o início do século XIX. E em menor grau, mas de modo não menos dramático, até mesmo nos Estados Unidos, puritanos protestantes executaram vinte pessoas — 19 por enforcamento, um esmagado até a morte por enormes pedras — durante os julgamentos das bruxas de Salem, entre 1692 e 1693. Além disso, embora não seja um conceito novo, o ato político e supersticioso de "demonizar" uma cultura ou sociedade, a fim de realizar atos de escravidão, terrorismo e extermínio em massa, de muitas maneiras definiu os séculos XIX e XX e, infelizmente, continua fazendo isso em nosso novo milênio. Não é de admirar que a religião e a crença no que não pode ser visto ou comprovado pela ciência empírica continuam a ser responsabilizados por muitos dos problemas mundiais (mas, quando as pessoas me perguntam como eu posso ser católico com todas as atrocidades que o Vaticano cometeu ao longo de sua existência de dois mil anos, gosto de lembrá-las de que foram três grandes ateus — Hitler, Stalin e Mao, e não o Papa — que executaram 60 milhões de pessoas no curso de uma geração). Quem precisa de uma história de fantasmas se a realidade já é tão assustadora?

Até recentemente, eu nunca dei muita atenção ao mundo espiritual. Como a maioria das pessoas, a ideia de um fantasma ou demônio era algo de importância secundária na minha vida cotidiana. O mesmo posso dizer do céu, do inferno e do que acontece depois que morremos. Não posso dizer que eu fosse totalmente cético com relação a essas coisas — eu já tinha passado por uma série de incidentes inexplicáveis ao longo da minha infância —, só que, a menos que estivesse assistindo a um filme de terror ou lendo um romance de Stephen King ou indo a um funeral, o pensamento de um espírito invisível (que não fosse Deus) e um mundo habitado por seres humanoides alados nunca passou pela minha cabeça. E, se passou, nunca durou muito tempo, pois logo eu voltava a me concentrar em atividades mais terrenas, como pagar as contas ou assistir aos jogos de beisebol. Embora céu, inferno, anjos e demônios fossem princípios básicos da minha fé católica, nunca foram princípios básicos na minha vida. Além disso, tendo crescido dentro da Igreja Católica, eu raramente ouvia um padre falar sobre espíritos e coisas assim, e esses temas nunca foram discutidos durante os doze anos em que frequentei a escola paroquial.

Claro, na missa de domingo um padre de vez em quando fazia um sermão sobre os tormentos do inferno para nos assustar, dizendo que o demônio era uma pessoa real e não alguém que não precisássemos levar a sério, mas a maioria das pessoas simplesmente achava que o homem só estava de mau humor ou achando necessário fortalecer nossa fibra moral. Para mim, e para a maioria das pessoas, ser um bom católico (o que eu não conseguia na maior parte das vezes) significava basicamente fazer a coisa certa. Tratava-se de algo que eu fazia num mundo visível, não num mundo invisível.

Tudo isso mudou para mim ao longo de um único ano, entre 2007 e 2008, quando coisas inexplicáveis começaram a acontecer comigo e com a minha família quase diariamente em nossa casa. Eu tinha 37 anos na época e minha esposa e eu em breve daríamos as boas-vindas ao nosso segundo filho. Como muitas pessoas da minha idade, eu estava preocupado com meu trabalho e responsabilidades em casa, como passar mais tempo com a minha família e cortar a grama. Também nessa época, depois de anos de luta com a minha fé, eu estava fazendo um exercício diário de oração na minha vida. O resultado foi transformador — uma sensação de calma e concentração que eu nunca havia sentido antes e, em muitos aspectos, um dos momentos mais profícuos para mim, espiritualmente. Cada dia era repleto da expectativa de chegar mais perto de Deus e, por sua vez, das pessoas da minha vida.

O que eu não esperava era descobrir que a nossa casa era assombrada. Nem esperava ser arrastado para um mundo invisível, onde os fantasmas não eram apenas o tema de histórias de acampamento, mas coisas reais e dinâmicas que podiam influenciar o mundo à minha volta. Ao longo de um ano, minhas crenças seriam desafiadas e eu seria forçado a rever acontecimentos que tinham ocorrido na minha infância, levando-me mais uma vez a reavaliar minha fé. Além disso, eu iria encontrar paralelos incompreensíveis entre a história da região e eventos ocorridos na minha própria família, e acabar participando de um estranho ritual para livrar a minha casa de fantasmas. Esses acontecimentos bizarros mudariam para sempre a minha visão da vida, da morte e do que ocorre depois que dizemos adeus a este mundo. A experiência também foi um chamado de despertar para eu prestar atenção às coisas que subestimava todos os dias: meus entes queridos, meus pensamentos e às vezes as palavras inconsequentes que saíam da minha boca.

Este livro é uma história verídica sobre a minha jornada pelo sobrenatural. Exceto nos casos em que foi preciso proteger a privacidade de alguém, tudo foi contado como realmente aconteceu. Espero que esta história ajude você a ver o mundo — visível e invisível — de uma maneira totalmente diferente.

Existe um mundo invisível lá fora e ele é, de fato, muito real.

O CRISTÃO E A CASA MAL-ASSOMBRADA

PARTE 1

Seguindo o fio

Existem mais coisas entre o céu e a terra, Horácio,
do que sonha a tua vã filosofia.
— *Hamlet*

O sobrenatural é real.
— *Evelyn Waugh*

No outono de 1996, eu estava andando, tarde da noite, pelas ruas estreitas e enevoadas de Praga, na República Checa. Eu era uma espécie de sem-teto na época, pois tinha acabado de ser despejado do apartamento de um amigo, depois de um comentário tolo que acabou virando uma discussão acalorada e cheia de ressentimentos. Na tentativa de economizar a maior quantia de dinheiro possível antes de pegar o trem no dia seguinte para a Cracóvia, na Polônia, optei por não passar a noite num dos muitos albergues vagabundos da cidade, onde as paredes eram finas como papel, a clientela ruidosa e desagradável e podia-se pegar gonorreia só olhando para a maçaneta. Em vez disso, escolhi uma alternativa mais higiênica. Decidi caminhar sozinho à noite pelas pontes e avenidas da cidade, e, se precisasse tirar um cochilo, procuraria uma porta ou os degraus de uma igreja ou o saguão da estação de trem.

Apesar de Praga não ser tão ativa quanto Nova York, havia pessoas nas ruas em todas as horas da madrugada. A Cidade Velha, para mim a parte mais bonita, com sua mistura de arquitetura medieval, gótica e barroca, era cheia de músicos, artistas e almas perdidas em busca de alguém para conversar. Eu poderia procurar alguém para conversar também, mas infelizmente não falava tcheco. Era apenas outro turista americano com dificuldades para se expressar na língua nativa e perdido num ex-país comunista, com uma mochila enorme nas costas e um Eurail Pass (um passe que me garantia viagens ilimitadas de trem pela Europa, mas que naquele tempo era inútil em todos os países do Leste europeu). No entanto, enquanto eu caminhava pela cidade, sentindo-me um pouco como um personagem de um romance de Albert Camus, fiquei surpreso ao encontrar algumas pessoas que falavam um inglês decente. Passei algum tempo ouvindo suas histórias de santos assombrados e amantes perdidos que tinham dentes de madeira, e os seus sonhos de visitar a América ou mudar-se para o Japão e abrir uma loja de produtos importados.

Um homem, que cheirava a vinho e tabaco, me puxou de lado, apontou para o céu e disse que a atmosfera de Praga era diferente de qualquer outra no mundo, pois, com as nuvens certas, o vermelho parecia preto à luz do luar. Ele levantou uma luva de seda vermelha na minha frente e me disse para olhar com atenção. Eu não tive coragem de dizer a ele que a luva ainda parecia vermelha para mim e que talvez, apenas talvez, ele fosse daltônico. Em vez disso, contei ao meu recém-descoberto amigo sobre o meu exílio autoimposto, a minha busca de Deus, e que eu estava no encalço do Velho Homem há anos e o seguira até aquele lugar. Ele é evasivo, eu disse. Mas fique de olhos abertos, Ele pode aparecer em qualquer lugar. O homem apenas sorriu para mim e depois disse, rindo:

— Você não vai encontrar Deus aqui.

Andei pela maior parte da noite entre a Cidade Velha e a Cidade Nova. Às vezes eu me sentava na calçada da Ponte Charles e olhava para as estátuas de santos que cobriam as paredes, pensando em como seria bom se eles pudessem falar comigo e me dizer o que tinham visto ao longo dos séculos — os amantes que passeavam sob as estrelas; os nazistas que cruzaram a ponte em tanques; os russos, com seus rifles e cigarros. Meus pés doíam. Eu estava cansado e com os olhos injetados, e um pouco desidratado de tanto beber cerveja durante as últimas 24 horas (o que era mais barato do que comprar água engarrafada e aliviava a fome), mas a manhã finalmente chegou sem maiores contratempos e eu assisti ao nascer do sol sobre a cidade, transformando o azul-marinho das ruas em matizes de cinza.

Eu tinha mais algumas horas antes de partir para a Polônia, então comprei um pãozinho e uma xícara de café. Depois, quando estava atravessando a rua perto da praça Wenceslas, um homem claudicante esbarrou em mim, virou a esquina e depois desapareceu antes que eu pudesse lhe dedicar um olhar mais atento.

Praga era cheia de batedores de carteira, então instintivamente apalpei o bolso de trás da calça antes de me lembrar que a minha carteira estava na mochila. Na época, eu me orgulhava de andar sempre atento a tudo à minha volta, mas não tinha ouvido esse sujeito se aproximar. Estava assustado e meu coração batia acelerado. Eu estava quente e corado, e o chão debaixo dos meus pés parecia esponjoso, como se eu estivesse com os pés na lama. A rua estava tão silenciosa quanto os momentos de vigília depois que chamam seu nome num pesadelo, e eu sentia um intenso desejo de controlar tudo o que me assustava e ver para onde o tal homem estava indo. Desde que chegara nessa terra de cerveja barata, mulheres bonitas, arquitetura esquizofrênica, contos de fadas sombrios e marionetes de aparência sinistra, eu tinha sido aconselhado, curiosamente por vários viajantes australianos, a "seguir o fio*". O mundo, segundo eles, é um labirinto sombrio e, para encontrarmos o nosso caminho na vida, precisamos seguir o fio.

Era por isso que eu estava ali. Tinha perdido o rumo, estava questionando as minhas crenças e, quando olhei ao redor, essas palavras apareceram na minha cabeça como um filme antigo. De pé ali na rua, eu sentia as janelas dos edifícios me encarando com olhos desconfiados e me dei conta de como me sentia faminto e solitário. Tudo o que eu queria era ir para casa, minha verdadeira casa, em Nova York, mas isso não ia acontecer tão cedo. Minha passagem de avião de volta para os Estados Unidos não era reembolsável e eu não podia alterar a data da volta; além disso, eu iria me encontrar com uma amiga em Paris, em duas semanas, e não poderia deixá-la lá, esperando por mim. Como

---

* Referência ao fio de Ariadne, princesa que ajuda Teseu a sair do labirinto onde vivia o Minotauro (mitologia grega). [N. da T.]

meu trem para a Polônia não partiria antes do meio-dia e eu não tinha nada para fazer pela manhã, decidi fazer o que aparecesse pela frente. "Siga o fio", eu disse para mim mesmo, e virei a esquina.

Logo vi um homem no que parecia ser uma tosca fantasia de urso sem cabeça; não devia passar de um artista de circo embriagado e manquitola que, eu tinha certeza, ia para casa encontrar uma esposa cansada e furiosa, com uma tesoura de jardim afiada nas mãos. Eu o segui por alguns quarteirões até que, inesperadamente, ele entrou numa igreja, a fachada enegrecida por anos de comunismo, fuligem e chuva.

"Mas o que está fazendo? Você deve estar mesmo entediado para ficar seguindo um velho bêbado", eu disse a mim, e comecei a me afastar quando aquela vozinha na minha cabeça — que já tinha me arranjado problemas consideráveis ao longo dos anos — sussurrou que eu deveria entrar também.

Por que não? Então eu entrei.

Subindo a escadaria de pedra, abri a porta grossa de madeira, entrei e me vi diante da nave. A igreja estava silenciosa e escura, e pairava no ar um cheiro forte, como o de sopa de repolho queimada. Ouvi batidinhas fracas, o som da tubulação de um aquecedor acordando da hibernação. O homem não estava à vista. Eu estava sozinho e, como tenho paixão por igrejas antigas, avancei pelo corredor principal em direção ao altar, admirando as estátuas escurecidas, as pilastras douradas e os vitrais. Escutei o som dos meus passos ecoando nas paredes caiadas e nos bancos de madeira e, quando estava quase embaixo do crucifixo que pendia do teto, senti algo tocar minhas costas.

Virei-me, esperando ver o homem que tinha seguido até a igreja. Mas não havia ninguém ali e senti um calor estranho se espalhar pelo meu corpo. Com o coração na boca, olhei para baixo, achando que tinha pisado num fio desencapado, mas não havia nada sob os meus pés, exceto o mármore frio. Cada nervo do meu corpo estava em estado de alerta e minha pele ficou toda arrepiada.

— Je-sus Criiiiisto! — exclamei em voz alta — O que é isso?!

E, assim como veio, a sensação desapareceu.

Eu me virei e olhei para o teto e as janelas coloridas, e vi uma figura de São Miguel no vidro, parecendo pronto para chutar um traseiro, com as asas abertas, espada em punho, esmagando o corpo de um demônio. Então meus olhos se fixaram no grande crucifixo pendurado acima do altar; fitei os olhos do Cristo de madeira em agonia e, em seguida, sussurrei:

— Você está aí, Deus? Sou eu, Margaret.*

Não houve resposta. Então, algo caiu à direita da sacristia. O barulho me fez tomar o maior susto e, sem querer saber o que era, corri de volta pelo corredor e saí pela porta, para a luz do sol da manhã.

Do lado de fora, olhei em volta e não vi ninguém. A rua estava vazia e eu instantaneamente me senti envergonhado e tolo. Também me sentia assustado e não sabia bem por quê.

— Seguir o fio, uma ova — eu disse para mim mesmo.

Rapidamente andei alguns quarteirões, acomodei melhor a mochila no ombro e consultei meu relógio. Talvez eu pudesse pegar o trem mais cedo, pensei, e, largando o fio proverbial ali no meio da rua, cruzei toda a cidade em direção à estação ferroviária.

---

* Alusão ao livro de Judy Blume, *Are You There God? It's Me, Margaret*, narrado por Margaret, uma menina de 11 anos cujas preces a Deus sempre começam com "Você está aí, Deus? Sou eu, Margaret". (N. da T.)

Capítulo 1

Em março de 2007, numa noite fria de inverno, fui até o quarto do meu filho de 3 anos, Eddie, pegar um par de meias para ele. A noite estava fria e o quarto estava escuro, exceto pelo pequeno abajur que projetava um céu cheio de estrelas na parede. Havia miniaturas e blocos de montar espalhados pelo chão e a cama estava coberta com uma pilha de roupas sujas que precisavam ir para a lavanderia. O vento batia nas janelas e, do lado de fora, ouvi várias portas de carro baterem quase simultaneamente. Isso não era incomum. A nossa casa fica perto de uma igreja e um estacionamento municipal, e sempre havia alguém entrando e saindo de um carro. Essa noite, por alguma razão, eu abri as cortinas e olhei pela janela. Do outro lado da rua, um pouco mais abaixo, vi acesas as luzes do Necrotério Macken, com o seu telhado em estilo vitoriano, recortado contra um céu cor de berinjela. Vi também um pequeno grupo de pessoas vestindo casacos de inverno e caminhando lentamente para a esquina, seus corpos muito juntos, com as cabeças encolhidas como pombos se aquecendo sobre a grade fumegante de um bueiro.

Eu me virei, fechei a cortina, abri a gaveta da cômoda e senti algo estranho atrás de mim, como se alguém estivesse se esgueirando das sombras. Havia apenas três pessoas na casa no momento — eu; minha esposa, Grace; e meu filho — e dois deles estavam no andar de baixo, na sala de estar. Fiquei surpreso, para dizer o mínimo, como se estivesse sozinho na floresta e ouvisse um galho se quebrar atrás de mim. Minha cabeça pendeu para o lado e eu rapidamente me virei, mas não havia ninguém ali. Olhei ao redor do quarto, não vi nada de extraordinário, encolhi os ombros, peguei as meias e, quando estava andando para a porta, senti algo completamente fora do comum — algo como uma mão eletrificada roçando por toda a extensão das minhas costas. Parei e não consegui me mexer, não porque estivesse paralisado, mas pela simples razão de que a sensação era estranha demais. *Que diabos seria aquilo?* A sensação então mudou e eu senti como se estivesse sendo espremido como uma uva, como se algo estivesse percorrendo meu corpo como o sangue em minhas veias. Então a pressão pareceu diminuir e por um breve momento eu senti como se tivesse um milhão de pequenos vermes rastejando pelas minhas costas e pescoço. Levantei os ombros até os ouvidos e tentei me livrar da sensação, e em poucos segundos tudo voltou ao normal.

— Que esquisito! — exclamei em voz alta, enquanto saía do quarto e descia as escadas. E, embora o fato tivesse sido estranho o suficiente para eu perceber, no momento em que dei as meias para Grace meus pensamentos já estavam em outro lugar. Ou melhor, estavam *nela*.

Dois dias antes, eu tinha ido trabalhar quando, no início da tarde, senti de repente como se fosse pegar uma gripe. Na época eu era diretor-chefe do Quality Paperback Book Club, uma divisão do Book-of-the-Month Club, cujos escritórios ficavam no edifício One Penn Plaza, sobre a infernal Penn Station, em Nova York — uma das estações de trem mais abarrotadas e claustrofóbicas dos Estados Unidos, com iluminação ruim e espaços exíguos. Eu tinha passado a manhã inteira em reuniões e, quando estava no meu escritório, o telefone não tinha parado de tocar. Estávamos na data limite da entrega de um trabalho e normalmente eu não ligava de passar o dia todo enfiado no serviço e trabalhar até o fim do dia, mas aquele dia eu estava com vertigens e me sentindo febril e, depois de falar com a minha chefe, decidi ir embora mais cedo. Prometi que mandaria o trabalho lá de casa aquela noite e voltei para a minha mesa, desliguei o computador e vi a luz vermelha da secretária eletrônica piscando. Ignorei. Desci as escadas meio entorpecido até as plataformas dos trens, passando pelos passageiros do meio do dia, um tocador de flauta andina com predileção por músicas da Celine Dion, e pelo Tracks, um bar vagabundo 24 horas, para passageiros em vários estágios de exaustão. Olhei para o painel digital com as partidas e chegadas dos trens e vi que faltavam uns dois minutos para chegar o próximo. Corri pela estação, com a cabeça latejando a cada passo. Desci até a plataforma, verifiquei meu celular, notei que tinha uma mensagem, mas desliguei-o assim mesmo. Acomodei-me no trem e, dentro de poucos minutos, caí no sono, dormindo durante todo o percurso de quarenta minutos até Rockville Centre, um subúrbio de Long Island a uns 30 quilômetros ao leste de Manhattan, e o lugar que chamei de lar pela maior parte da minha vida.

Meu avô costumava dizer que toda cidade e toda linha de trem eram vítimas de uma tragédia. Rockville Centre e a estrada de ferro de Long Island não eram exceções.

Projetada em 1834, a Long Island Rail Road é um dos mais antigos sistemas ferroviários dos Estados Unidos. Hoje é uma das estradas de ferro suburbanas mais movimentadas da América do Norte, abrangendo aproximadamente 160 km e estendendo-se desde o extremo oeste de Manhattan até o extremo leste de Montauk. Ela serve, em média, 80 milhões de passageiros por ano, e a estação do Rockville Centre fica, como todas as estações do Babylon Branch, sobre plataformas suspensas, apoiadas por uma série de pilares de concreto armado, de dois andares e dois metros de diâmetro. Mas nem sempre foi assim.

Depois da Segunda Guerra Mundial, a população dos subúrbios de grandes cidades como Nova York explodiu com um influxo de veteranos de guerra. Linhas ferroviárias, como a de Rockville Centre, nessa época corriam rente ao chão e eram vistas não apenas como lugares perigosos, mas também como causa de congestionamento e tráfego intenso. Em 1947, tomou-se a decisão de elevar as faixas de alguns trechos, permitindo que carros e caminhões pudessem trafegar livremente em toda a cidade. Linhas de trem temporárias foram criadas durante a construção. Em 17 de fevereiro de 1950, cinco meses antes de a nova plataforma ser inaugurada em Rockville Centre, um dos trens vindos de Nova York, que viajava numa das linhas temporárias, desrespeitou o sinal de pare a um quarteirão da estação e colidiu com um trem que seguia em direção a Nova York. O impacto, que ocorreu às 10:43 da noite, soou como a explosão de uma bomba, e quando os bombeiros chegaram ao local viram corpos desfigurados e ensanguentados, às vezes uns por cima dos outros, em meio a cacos de vidro e metal retorcido. O impacto foi tão forte que os vagões que colidiram de frente literalmente se partiram em dois. Trinta e sete pessoas morreram e 158 ficaram feridas. Os médicos foram obrigados a realizar uma amputação em um dos passageiros, num dos trens destruídos. Moradores da região afluíram para a área do acidente na tentativa de ajudar os feridos e ver se algum de seus entes queridos estava entre as vítimas, mas muitos tiveram a passagem bloqueada pela polícia, por causa do perigo da situação. Alguns só recuaram um pouco e ficaram assistindo ao resgate, outros choravam pelas ruas. Alguns foram para a igreja de St. Agnes, que fica em Quealy Place, a poucos quarteirões de distância, e fizeram uma vigília, oferecendo orações para os vivos e os mortos retirados dos destroços.

Meu avô, que era obcecado pela morte, foi a primeira pessoa a me contar a história do acidente. Harry George Powell, um coveiro de peito largo, barriga volumosa e braços fortes, com a pele da cor das folhas de bordo no outono, trabalhou durante trinta anos no Cemitério Colina dos Ciprestes, no Queens, Nova York. Ele era um homem quieto, que tinha um senso de humor negro e usava uma lápide não marcada como cabeceira de cama, como um lembrete de que a morte estava sempre a centímetros de distância.

Às vezes, durante os meses de verão, antes de eu chegar à adolescência, eu e ele andávamos sob os trilhos elevados depois de comprarmos uma lata de gasolina para o cortador de grama, que ele amava mais que a própria vida, e ouvíamos os trens ribombando sobre a nossa cabeça. No calor de agosto, o largo viaduto oferecia sombra e, não importa o quanto estivesse quente, sempre havia uma brisa fresca que soprava em nossos braços e pescoço. Ele me contou que, quando tinha se mudado para lá, na década de 1960, andava por entre esses pilares de concreto e às vezes ouvia o choro de alguém, trazido pelo vento. Durante as nossas excursões, parávamos e ficávamos em silêncio, esperando para ver se ouvíamos alguma coisa, mas eu nunca ouvia nada. Anos mais tarde, depois que eu o vi morrer de um ataque cardíaco fulminante no chão da cozinha de sua casa, enquanto os paramédicos se esforçavam em vão para reanimá-lo, voltei a esse lugar, esperando que ele pudesse me visitar lá. Até onde eu sei, ele nunca me visitou.

Grace, Eddie e eu estávamos morando na casa onde passei toda a minha infância e que ficava a menos de dois quilômetros da cena do acidente. Naquela tarde de inverno, em março, enquanto eu caminhava sob a linha do trem, a caminho de casa depois do trabalho — a cabeça enevoada, o corpo gelado —, eu só conseguia pensar em ir para a cama e dormir. Ao me aproximar do nosso quarteirão, pude ver o carro da minha esposa na garagem. Grace, que tinha 30 anos de idade na época, estava com quase dois meses de gravidez e vinha se queixando de enjoo matinal nos últimos dias. Sua primeira gravidez tinha sido tranquila, e Grace — uma morena impetuosa e enérgica que tinha estudado dança durante anos e raramente ficava doente — não estava acostumada a sentir seu corpo daquele jeito. Eu não tinha falado com ela desde que saíra para o trabalho naquela manhã, mas ela tinha me dito que, se continuasse com náuseas, ligaria para o trabalho e diria que estava doente.

Na maior parte das semanas, Grace ficava em casa com o nosso filho pela manhã e, à tarde, trabalhava numa escola pública da região. Normalmente nessa hora do dia, em torno das 2:20 da tarde, ela deixava Eddie aos cuidados da babá e ia de carro até o trabalho. Eu me sentia culpado por não ter telefonado e presumi que ela tinha decidido ficar em casa e descansar. Abri a porta da frente e ouvi um chamado abafado vindo lá de dentro. Entrei na sala e a vi deitada no sofá, com uma manta nos ombros e os braços tensos e apertados entre as pernas. Ela estava chorando.

— O que aconteceu? — perguntei.

— Onde você estava? Por que não atendeu ao telefone?

Ela estava com raiva.

Sentindo como se fosse desmaiar, eu me desculpei, disse que achava que estava ficando doente e perguntei se ela estava bem. Ela sacudiu a cabeça.

— Não — ela disse. — Perdi o bebê.

Minha mulher, Grace, cresceu numa família ítalo-americana católica, muito unida, em West Hempstead, Nova York, um bairro de classe média alguns quilômetros ao norte de Rockville Centre. Seu pai, Bert — cujos interesses variavam de física e mitologia grega a colecionar carburadores e assistir a filmes B da década de 1950 —, era engenheiro, mecânico e amante de carros. Nos fins de semana, ele restaurava Fords antigos e GTOs, e uma das lembranças mais remotas de Grace era usar um velho filtro de ar do conversível azul metálico de sua mãe como *frisbee*. Na maior parte de sua juventude ela morou com os pais, o irmão e a irmã, a tia, os dois primos e seus avós sicilianos, num sobrado de dois andares. Com dez pessoas sob o mesmo teto e visitas diárias de um grande contingente de parentes que moravam nas vizinhanças, havia pouca privacidade e a casa nunca estava em silêncio. Ninguém saía de casa antes de se casar, e se alguém fosse para a faculdade tinha de ser alguma ali por perto. Mas ninguém se incomodava com isso. A família, mais do que qualquer outra coisa, era mais importante do que a liberdade pessoal, a individualidade ou ter um quarto só para si.

Mas essa família sofreu um golpe traumático quando, duas semanas depois de Grace fazer 21 anos, seu pai teve um ataque cardíaco fulminante, enquanto trabalhava na Con Edison, uma das maiores concessionárias de energia elétrica dos Estados Unidos, responsável pelo fornecimento de gás e energia elétrica para Nova York e Westchester County. Ele tinha 48 anos de idade e era considerado por todos que o conheciam não apenas como um pai e marido ideais, mas como um homem generoso e abnegado que personificava o ideal de servir aos outros.

A família ficou devastada, para dizer o mínimo. Grace e eu estávamos namorando há pouco mais de três anos na época e podia-se ver no rosto de todos uma expressão de choque misturada com desespero e confusão. Nos primeiros dias, os membros da família tinham o semblante lacrimoso dos refugiados exilados de sua pátria.

Centenas de pessoas compareceram ao velório e muitas outras apareceram no funeral, que foi realizado na igreja de São Tomé Apóstolo, a poucos quarteirões de sua casa. Eu estava sentado com Grace no banco da igreja durante a missa. Ela estava chorando, como todo mundo ao nosso redor, mas a certa altura eu olhei para ela e a vi com os olhos bem abertos e claros. Ela estava olhando para o caixão diante do altar, enquanto o padre entoava orações para o falecido e abençoava a todos com a fumaça do turíbulo, um recipiente dourado suspenso por uma corrente que continha incenso. Eu segui seu olhar e não vi nada de extraordinário.

Achei que ela estava apenas recordando uma lembrança boa ou se queixando a Deus mentalmente por ter deixado aquilo acontecer com a família dela.

Mais tarde naquele dia, ela iria dizer a todos que tinha visto o pai, tão vivo quanto antes, em pé ao lado do caixão. Ele tinha olhado para ela e sorrido, e ele tinha a aparência de quando ela tinha 7 anos de idade e estava fazendo a primeira comunhão: alto e magro, a cabeleira farta e escura, um bigode espesso e grossos óculos fundo de garrafa. Ela não pôde acreditar em seus olhos e desviou o olhar por um breve segundo. Quando voltou a olhar, ele já tinha desaparecido. Até hoje ela ainda lamenta ter desviado os olhos.

Três dias após o aborto, Grace estava recontando essa história para a mãe e a irmã, sentadas ao redor da mesa de jantar, conversando sobre chá e Dunkin'Donuts. Eu podia ouvi-la enquanto subia as escadas para o segundo andar em busca do livro favorito de Eddie, *Goodnight Moon*, que tinha sumido. Tinham sido dias longos e difíceis, e eu ainda me sentia doente e cansado. Entrei no quarto do meu filho, revirei a estante de Eddie e senti a mesma sensação estranha da noite anterior cair sobre mim como uma onda gigantesca. Meu corpo parecia uma onda elétrica gigante. Eu tentei me livrar dela, mas desta vez ela permaneceu por cerca de meio minuto antes de desaparecer tão rápido quanto veio.

— Mas que diabos é isso? — eu disse em voz alta.

Achei que talvez fossem calafrios causados pela febre. Fui até o aquecedor e coloquei a mão sobre ele. Estava morno, então me abaixei e abri um pouco mais a válvula. Voltei para a prateleira e finalmente achei o livro, que tinha caído atrás de uma pilha de velhos livros de mistério. Fui ao banheiro, tirei a temperatura — que estava ligeiramente superior ao normal — e desci as escadas, recitando para mim mesmo uma versão alterada da história clássica de Margaret Wise Brown, para contar às crianças antes de dormir:

Na grande sala verde,
Havia um telefone
E algo estranho, de arrepiar os pelos.

Eu não disse nada a Grace ou à mãe ou à irmã dela e rapidamente concluí que se tratava apenas de uma mistura de stress e mal-estar. Depois que todos foram embora, eu li o livro para Eddie no sofá e fomos todos dormir cedo.

Na manhã seguinte, um sábado, acordei às cinco da manhã me sentindo melhor. Qualquer que fosse o vírus que tinha me abatido já devia ter encontrado seu caminho para fora do meu corpo. Na época eu estava fazendo uma pesquisa para um livro sobre orações e estudando os *Exercícios Espirituais de Santo Inácio de Loyola*, um místico católico do século XVI segundo o qual, visto que Deus tinha criado todas as coisas, Ele estava em todas as coisas. O dever de todas as pessoas, portanto, era buscar o divino em toda a criação. Essa ideia me atraiu muito teoricamente — mas o aborto de Grace ainda estava em primeiro plano na minha mente e eu me perguntava onde Deus estaria em tudo isso. Eu não estava zangado; pelo menos, acho que não estava. Estava apenas triste e perplexo.

Pelo que eu me lembro, sempre me senti atraído por Deus. Embora tenha crescido numa família religiosa e tenha sido católico durante toda a minha vida, a ponto de na adolescência pensar em ser padre, foi apenas no final da casa dos 20 anos que eu realmente abracei o catolicismo. Parte disso, devo admitir, foi um ato de rebelião. Na adolescência, eu sempre me senti um estranho no ninho e, quando estava no terceiro ano, fazia questão de sempre andar com as crianças "menos" populares da escola. Eu era amigo dos que não tinham amigos. Bem, para muitas pessoas, ser católico não é muito legal e por um tempo eu costumava ver a religião em que fui criado como um grande bobalhão que usava aparelho nos dentes extrabucal. Embora eu acreditasse que ele tinha bom coração, o catolicismo moderno parecia estar sempre batendo a cabeça contra a parede.

Além disso, quase todos os que eu conhecia, desde parentes até amigos de infância, passando por colegas de trabalho e pessoas que eu conheci na faculdade, ou eram ateus ou agnósticos. Segundo eu acreditava, Deus me perseguia há anos, então tomei uma decisão. Como David Mamet escreveu em sua peça *Glengarry Glen Ross*, "eu sigo a opinião pública ao contrário. Se todo mundo pensa uma coisa, então eu digo: aposte no contrário". Então, apostei num caminho diferente e comecei a ler os grandes teólogos, como Santo Agostinho e Tomás de Aquino e, em seguida, os autores espirituais modernos como Thomas Merton e Henri Nouwen. Senti algo se agitando dentro de mim e comecei a rezar o terço e logo em seguida a fazer com mais frequência a Penitência e a Comunhão, dois sacramentos católicos. Comecei a frequentar a missa regularmente e a ler a Bíblia todos os dias. Isso não quer dizer que me sentia virtuoso ou me considerava moralista ou alguém sem pecados. Pelo contrário, mais de uma vez eu disse a um padre durante a confissão que achava muitas pessoas babacas, inclusive eu mesmo (mas não você, Pai!) e, embora não soubesse ao certo o mandamento que eu estava violando com essa crença, ela estava me pondo em apuros desde que eu tinha aprendido a palavra "babaca" (provavelmente quando tinha uns 5 anos... obrigado, papai). Embora eu tente ser uma pessoa melhor e fazer a coisa certa, a minha impaciência e imperfeições não vão desaparecer tão cedo.

Na época, as manhãs eram o meu tempo a sós com Deus — quando travávamos nossas conversas —, e até recentemente eu seguia a mesma rotina há meses. Gostava de acordar cedo, descer para a sala, ler, orar, meditar e escrever e, depois de tudo isso, me sentar em silêncio e ouvir uma resposta do Todo-Poderoso. Na maioria das vezes eu não ouvia nada, mas de vez em quando obtinha uma impressão ou um sentimento de paz me envolvia ou um pensamento vinha à minha mente que, se seguido, me levava a um lugar inesperado. Mas ouvir Deus, depois do aborto, foi uma dificuldade. Minha mente se perguntava: por que isso aconteceu? O que você está tentando nos dizer? Como poderíamos ter evitado isso? Eu vinha fazendo um monte de perguntas nos últimos dias e não tinha recebido nenhuma resposta. Pensando bem, como eu poderia ouvir uma resposta se a minha mente estava constantemente fervilhando como um Mentos de hortelã numa lata de Coca-Cola?

Para não mencionar que Deus fala numa língua mais difícil que português ou mandarim ou HTML. Ele fala em silêncio. Lembro-me de ter achado uma bobagem a primeira vez que alguém me disse isso, mas vim a perceber que, se você está suficientemente silencioso, consegue ouvir o silêncio assim como ouve uma música, consegue ler o silêncio assim como lê um livro. Além disso, se mais de 80 por cento da comunicação humana é não verbal, isso não poderia significar que a maior parte da comunicação com o Divino é não verbal também? Oração, meditação, ouvir o silêncio — todos esses são instrumentos para interpretarmos a linguagem corporal de Deus.

Claro, isso nem sempre é fácil. Naquela manhã Deus estava de braços cruzados, e todo mundo sabe que isso nunca é bom sinal. Depois de ficar meia hora sentado ali, esperando ouvir alguma coisa, ouvi Eddie se mexendo na cama através da babá eletrônica. Fui até o quarto, sentei-me com ele na cama por um minuto, e depois levei-o para baixo. Dei-lhe um copo de leite e vimos desenhos na TV até que Grace desceu, alguns minutos depois.

Ela disse que sentia frio e me pediu para verificar o aquecimento central e pegar um agasalho para Eddie no andar de cima. O termostato mostrava

21ºC e os radiadores estavam quentes, portanto voltei lá para cima e co-mecei a vasculhar as gavetas de Eddie quando a "onda de eletricidade" aconteceu de novo.

E então aconteceu de novo no dia seguinte.

E no dia seguinte.

E no seguinte.

O que estava acontecendo no quarto de Eddie repetiu-se ao longo de março e abril e parecia ocorrer só quando eu estava sozinho no quarto. Eu continuei a pôr a culpa no stress e logo incluí o clima na minha lista de explicações para mim mesmo. Tinha sido uma primavera fria e, como o quarto só tinha uma janela num lado da casa que não batia muito sol, eu achei que essa podia ser uma explicação lógica. Ainda assim, algo na minha cabeça me dizia que era mais do que isso. O que era, eu não sabia.

Eu não tinha contado a Grace sobre o que eu estava sentindo. Ela es-tava passando por um momento difícil, depois de perder o bebê, e estava sofrendo de crises leves de depressão, uma reação natural ao que tinha pas-sado. Além disso, Grace não parecia estar sentindo algo fora do comum e nem Eddie — eu costumava prestar atenção nas suas expressões, quando estávamos no quarto, e nunca via nada de anormal —, então simplesmente guardei aquilo para mim mesmo. E, na verdade, o que havia a dizer, afinal? Que o quarto estava frio ou que alguém com uma agulha eletrificada tinha um boneco de vodu com a minha cara?

Meus pais se divorciaram em 1994 e, embora a minha mãe tenha ficado com a casa na partilha de bens, há muito tempo ela não se sentia à vontade ali. Ela a tinha alugado por um tempo e tentado por vários anos vendê-la, sem sucesso. Os corretores de imóveis levavam compradores em potencial nos fins de semana, mas, depois de um pequeno *tour* pela casa, eles se entreo-lhavam, davam um aperto de mão e ninguém nunca mais voltava. Embora a antiga casa pudesse estar um pouco deteriorada — precisava de uma nova pintura, o telhado estava velho e desgastado, e a cozinha, embora limpa e simples, era ultrapassada e precisava de uma reforma —, certamente não era um desastre. Minha mãe tentou imobiliárias diferentes e até baixou o preço consideravelmente, mas mesmo assim não recebeu nenhuma proposta.

Grace e eu nos casamos em 1999 e nos mudamos para um pequeno apartamento — o primeiro andar de um sobrado para duas famílias — numa pequena travessa em West Hempstead, não muito longe de onde morava a família dela, do outro lado da cidade. A casa era bonita, reservada e tranquila, e tinha um quintal grande. Além disso, a proprietária, uma viúva italiana de idade que morava no andar de cima, passava grande parte do tempo na Flórida com a irmã, por isso na maioria dos meses do ano Grace e eu ficávamos com o local só para nós. Era, em muitos aspectos, o arranjo perfeito para um casal recém-casado.

Mas, no verão de 2001, minha mãe me telefonou e perguntou se Grace e eu estaríamos interessados em comprar a casa dela. A ideia de comprar uma casa, principalmente a casa em que eu passei a infância, não tinha me ocorrido. Estávamos perfeitamente satisfeitos morando numa casa alugada, sem nos preocupar em pagar uma pesada hipoteca todo mês. Minha mãe não nos pressionou, mas eu poderia dizer, pelo seu tom de voz, que ela estava desesperada para dar o fora dali. Durante anos ela quis começar uma nova vida em Nova York, longe do congestionamento e das lembranças de Long Island. E tinha recentemente encontrado a casa dos seus sonhos — um ranchinho que fora usado como igreja numa cidadezinha montanhosa na fronteira de Nova York com Connecticut. Mas, para se mudar, ela precisava vender o lugar em que tinha morado nos últimos 25 anos. Ela só nos pediu para pensar no assunto.

Nós não tínhamos dinheiro e, a princípio, eu certamente não queria voltar para o lugar onde tinha passado a infância. Ainda assim, sempre lamentei um pouco pela casa. De acordo com as minhas lembranças mais antigas, o lugar sempre me pareceu pertencer ao filme da Ilha dos Brinquedos Roubados, juntamente com Rudolph, a Rena do Nariz Vermelho. Depois de alguns dias conversando sobre isso, tanto Grace quanto eu achamos que talvez não fosse má ideia. Nós dois estávamos interessados em começar uma família em breve e Rockville Centre tinha ótimas escolas. Para não mencionar que a casa da minha mãe era apenas a alguns quarteirões da estação ferroviária e isso ia diminuir em quase uma hora o meu percurso diário para o trabalho. Talvez fosse hora de começar a pensar em comprar a casa e fazer o que os adultos fazem. Então, concordamos que, se conseguíssemos a aprovação da hipoteca, iríamos correr o risco de comprar a casa.

Preenchemos os formulários do banco, que foram rapidamente aprovados, e planejávamos assinar a papelada em 11 de setembro de 2001, mas por razões óbvias não assinamos. Após alguns adiamentos, nós nos tornamos proprietários da casa, duas semanas depois.

Essa foi uma época de alegria e amargura para mim. Embora eu soubesse o que estava fazendo, ainda me sentia como se estivesse regredindo na vida. Estava feliz por ajudar minha mãe e animado para começar uma nova etapa da minha vida com Grace, mas achava que os filhos tinham que sair da casa dos pais, não voltar para ela. Eu tinha 31 anos e sentia como se estivesse numa espiral descendente; além do mais, o lugar precisava de uma reforma, que iria custar tempo e dinheiro.

A única coisa que me salvou nos primeiros dias foram os lembretes de Grace do plano que tínhamos feito enquanto comíamos ovos mexidos num restaurante grego à meia-noite, poucas semanas antes: comprar a casa, esvaziá-la e consertá-la nós mesmos; se gostássemos, ótimo, ficaríamos. Se não gostássemos, nós a venderíamos e iríamos para outro lugar.

No final de setembro comecei a reforma. A primeira empreitada era remover o assoalho, que em sua maior parte eram camadas sobrepostas de linóleo. Minha mãe era alguém que se cansava facilmente da decoração, por isso ela ia acrescentando todos os anos uma camada nova de assoalho de vinil, sem nunca se incomodar em tirar o antigo. Isso significava que na época em que eu tinha 15 anos já tínhamos quase três centímetros de plástico de cores berrantes sob os nossos pés. Quando eu removia o assoalho com uma espátula, pedaços de vinil se partiam, revelando todas as diferentes cores e desenhos que minha mãe tinha escolhido ao longo dos anos. Pedaços de piso começaram a voar em todas as direções e eu comecei a reviver a minha infância. Fragmentos do piso branco com estampa cor-de-rosa, da época em que eu tinha 7 anos, ano em que eu não só tinha feito a primeira comunhão, mas doado os meus brinquedos favoritos: uma casa mal-assombrada de plástico, com o telhado marrom de argamassa falsa quebrada, porque minha irmã Mary caiu em cima dele, quebrando-o e cortando o pulso; e o estranho piso verde-limão que parecia um frasco de desinfetante e que minha mãe colocou alguns meses após a tragédia que se abateu sobre a nossa cidade, em 1983.

Uma noite, em meados de abril de 2007, pouco mais de um mês após o incidente inicial na casa, Grace e eu estávamos no andar de baixo, à mesa da sala de jantar. Eu estava pagando as contas e ela, separando a correspondência em duas pilhas — rasgando (qualquer publicidade em que não estivessem nossos nomes) e fragmentando (qualquer coisa que contivesse nossos nomes e informações pessoais) —, ao mesmo tempo em que lamentava o número de árvores derrubadas todos os anos para produzir papel e envelopes anunciando planos de novos celulares e cartões de crédito com taxas estratosféricas que chegavam a 75 por cento de juros depois de três meses. Eddie estava dormindo em seu quarto no andar superior e podíamos ouvi-lo se mexendo na cama de vez em quando através da babá eletrônica, que estava sobre a pia na cozinha.

De tempos em tempos este glorificado walkie-talkie assobiava por causa da interferência. Isso não era incomum. Se um de nós estivesse usando um suéter de lã e se sentasse no sofá, isso era suficiente para deflagrar uma explosão nuclear no seu alto-falante minúsculo, como se alguém tivesse aumentado o volume da televisão e depois desconectado o cabo da antena. Naquela noite em especial, algo diferente aconteceu. Enquanto eu estava preenchendo um cheque e Grace rasgava envelopes brilhantes, ouvimos uns resmungos vindos da cozinha. A princípio não pensei em nada. A babá eletrônica não só chiava por causa da estática, como captava as conversas de outras pessoas ao telefone. Infelizmente, nunca nada muito excitante. Quando algo assim ocorre, queremos ouvir alguém admitindo para um confidente que está tendo um caso extraconjugal ou dizendo a outra pessoa que escondeu a mãe morta no sótão, para continuar recebendo o cheque da aposentadoria dela. Mas geralmente o que ouvíamos era algo mais parecido com:

— Você foi à mercearia fazer compras hoje?

— Fui, eu tinha cupons. Comprei alface.

Mas então os resmungos continuaram — uma voz baixa, indiscernível. Grace perguntou se seria Ed e eu disse que achava que era apenas mais estática. Mas os sons ficaram mais altos. Grace achava que talvez ele estivesse sonhando e decidiu ir lá em cima conferir.

Fui com ela.

Abrimos a porta do quarto e olhamos ao redor, mas não vimos nada fora do normal. Eddie estava dormindo em silêncio e ficamos olhando para ele por alguns instantes, mas ele não se mexeu nem fez nenhum som.

Então ouvimos uma voz baixa e fraca vindo do outro lado do quarto. Nós dois ficamos parados, forçando-nos a ficar em silêncio e escutando para ver se ouvíamos alguma coisa. E então aconteceu de novo. Desta vez podíamos dizer que o barulho vinha da estante.

Ora, a distância entre a cama de Eddie e a estante era cerca de dois metros, mas aquela noite os dois metros pareciam um quilômetro. Fui até a estante e ali, olhando para baixo, bem na nossa direção, havia um boneco de pelúcia do Caco o Sapo, que soltava um som baixo como se ouviria de uma caixinha de música em câmera lenta.

Nós dois paramos por um momento e eu, então, estendi a mão e peguei-o da prateleira, com seus olhos brancos me encarando. Eu nunca tinha percebido o quanto algo assim podia ser assustador num quarto escuro. Olhei para Grace e ela olhou para mim, não com medo, apenas intrigados. Nenhum de nós dois sequer sabia que aquela coisa fazia um som, mas nós rapidamente concordamos que a bateria já deveria ter acabado.

Eddie começou a se mexer na cama e Grace e eu saímos do quarto na ponta dos pés, fechando a porta atrás de nós. À luz no corredor, apertei o boneco para confirmar se ele fazia mesmo barulho. Ele fez. Então eu o virei e olhei para ver se havia um zíper, mas não havia como trocar a bateria.

— Que porcaria! — exclamei, tentando mascarar o fato de me sentir um pouco nervoso. Grace pareceu não se incomodar com tudo aquilo.

Enquanto íamos para o andar de baixo, achei que estava apenas deixando a minha imaginação levar a melhor sobre mim, até que o brinquedo começou a funcionar novamente nas minhas mãos.

Não sei se Grace viu a minha cara ou não, mas ela agarrou o sapo e me disse que o irmão dela poderia consertá-lo.

Eu estava assustado e não sabia realmente por quê. Comecei a pensar nas sensações bizarras que eu tinha sentido no quarto de Eddie e, enquanto estava ali, olhando para o brinquedo, sentado agora à mesa da sala de jantar, comecei a lembrar que aquela não era a primeira vez que coisas estranhas aconteciam comigo. Nem era a primeira vez que fenômenos estranhos e inexplicáveis ocorriam na casa.

Havia uma longa história que eu tinha tentado esquecer, mas logo percebi que algumas coisas que tentamos enterrar não ficam enterradas por muito tempo.

Capítulo 2

Certa manhã, quando eu era aluno do primeiro ano na escola primária St. Agnes, em Rockville Centre, um dos meus colegas de escola, um menino dois anos mais velho do que eu, me contou uma história que eu ainda me lembro, porque me deixou apavorado.

— Sabe aquela casa velha, caindo aos pedaços, na Lakeview Avenue? — ele me perguntou. — Sabe? Aquela grande, do tamanho da escola? E que ninguém chega perto?

Eu disse que sabia.

— Bom — ele continuou. — Ouvi minhas irmãs dizerem que a casa é assombrada.

Ele tinha toda a minha atenção, mas mesmo sendo um aluno do primeiro ano eu estava um pouco cético. Perguntei como elas sabiam.

Ele me disse que a casa estava à venda, e seus pais e as irmãs tinham ido dar uma olhada.

Meu ceticismo diminuiu um pouco. Isso não era improvável. Minha família também tinha visitado a casa antes de se decidirem por um lugar menor, ainda mais arruinado, do outro lado da cidade.

A história que ele tinha ouvido das irmãs e que contou para mim era a de que um homem muito infeliz tinha morado lá e feito coisas horríveis com crianças.

Eu perguntei que tipo de coisas, mas ele não sabia. As irmãs não tinham dito, mas devia ter sido algo realmente terrível. Um dia, de acordo com esse menino, o homem se sentiu tão culpado pelo que tinha feito que se enforcou no banheiro.

Ora, *isso* era possível. Eu estava com os meus pais quando eles foram olhar a casa e notei que ela tinha o banheiro mais assustador que eu já vira: paredes azuis escuras, uma janela pequena e suja que deixava entrar apenas uma luz tênue, canos expostos e um vaso sanitário com uma caixa d'água à mostra e uma cordinha que era preciso puxar para dar descarga. A cordinha tinha me lembrado a corda que a Família Addams sempre usava, na TV, para chamar o mordomo. Eu nunca tinha visto nada como aquilo antes.

Enquanto o menino continuava me contando a história, imaginei um velho com a língua pendendo da boca, pendurado num cano, com os pés centímetros acima do lugar onde momentos antes ele tinha batido as botas.

Mas tudo o que eu disse foi:

— Verdade?

— Ele quebrou o pescoço! — respondeu ele.

Eu disse ao garoto o que o padre Bennett tinha dito na igreja um dia: ninguém pode tirar a própria vida; se fizer isso, vai para o inferno.

O menino continuou contando a história e eu estava ouvindo com muita atenção quando uma centelha de descrença se acendeu na minha cabeça.

— Os donos da casa disseram isso aos seus pais? — eu perguntei. Eu estava muito certo, mesmo na minha mente de 7 anos de idade, que provavelmente estavam me contando uma lorota. Se a pessoa está tentando vender uma casa, a última coisa que diz a alguém é que um velhinho apavorante foi encontrado pendurado sobre o vaso sanitário.

— Não, seu burro! — o meu colega disse. — Minhas irmãs ouviram isso de umas amigas quando foram dormir na casa delas.

Isso fazia mais sentido para mim. Eu estava satisfeito com a resposta. Talvez ele estivesse dizendo a verdade.

A história não tinha acabado. Supostamente, o suicida ainda andava pelos corredores da casa com a corda em torno do pescoço. Ele gemia e batia nas coisas. Era por isso que o proprietário queria vender a casa. Para fugir do cara da corda.

— E quer saber de outra coisa? — ele me perguntou.

— O quê?

— Dizem que ele tem outro pedaço de corda nas mãos, para pendurar no pescoço da sua próxima vítima. E sabe o que mais?

— O quê?

— *Ele está procurando você!* — E com a última palavra, ele estendeu a mão, gritou e me agarrou pelo pescoço.

Lembro-me de ter gritado. Sua mão estava apertando minha pele e eu não conseguia respirar. Empurrei-o, chamei-o por um nome feio e corri. Eu podia ouvi-lo rindo enquanto eu me afastava. Eu não queria que ele soubesse — e tenho um pouco de vergonha de admitir mesmo agora —, mas ele quase me fez molhar as calças. Consegui me segurar, no entanto. Quando você está com 7 anos, uma das últimas coisas que quer fazer na escola é molhar as calças. Eu, por exemplo, nunca quis ficar conhecido como Gary Jansen, o "Mijão".

Essa história mexeu comigo. Durante todo o dia esperei ansiosamente pelo horário de saída, sacudindo a perna dentro do uniforme cinza, apenas para poder ir para casa e contar à minha mãe sobre o incidente na escola e lhe perguntar se os fantasmas eram reais e se podiam matar as pessoas.

Eu era um garoto inocente e crédulo na época e ainda estava me acostumando a ir à escola. Minha mãe nunca me mandou ao jardim de infância, preferindo me manter em casa durante aquele ano tão importante do ensino primário.

Mesmo trabalhando na maioria dos dias, ela não estava pronta para desistir de seu filho primogênito e deixá-lo com pessoas (professores) que não conhecia, por isso minhas irmãs e eu tínhamos que ficar na casa dos meus avós. A confiança dela, no que diz respeito a pessoas de fora da família, era bem pequena.

Mas ficar em casa foi bom para mim. Como a maioria das crianças, eu não queria ir à escola. Preferia muito mais ficar vendo novela com a minha avó e participar das brincadeiras pueris das minhas irmãs mais novas (que sempre pareciam envolver areia para gatos, sacos de papel marrom e bonecas Barbie). Assim, em vez de me sentar numa sala de aula chata, aprender sobre Jesus, recitar o alfabeto, aprender a cortar com uma tesoura sem ponta e a não comer cola nem enfiar lápis apontados nos ouvidos, eu aprendi a ler e escrever — e aprendi sobre a vida — assistindo todos os dias a *Vila Sésamo* e a outros programas infantis no período da manhã; novelas na hora do almoço; um programa educativo de meia hora que girava em torno de uma grande árvore e tinha como personagens as galinhas hippies Carole e Paula e o esquilo gigante, Sherlock, às 2:30 da tarde e depois *Gasparzinho, o Fantasminha Camarada* às três horas.

Televisão. Minha amiga, minha sala de aula.

De todos os programas da época, *Gasparzinho, o Fantasminha Camarada* era o que exerceu maior impacto sobre mim. E ainda faz o meu coração disparar. Por quê? Ele te assusta?!, você pode perguntar. *Au contraire, mon frère*, eu adorava esse programa.

Gasparzinho era um desenho animado delicioso sobre um fantasma engraçadinho que estava sempre tentando fazer a coisa certa, apesar dos tios malvados que tentavam de tudo para destruir as chances do sobrinho de fazer amigos. Até hoje esse desenho me traz lembranças da velha poltrona mofada do meu avô, onde eu ficava sentado tomando refrigerante, comendo *pretzels* e batatas fritas. Assistindo comigo estava minha avó de cabelo roxo (ela tingia o cabelo todo mês e, por razões por mim desconhecidas, suas tentativas de ficar morena sempre acabavam com ela parecendo uma berinjela) ou, às vezes, minha mãe, quando ela chegava a tempo em casa, depois do trabalho.

Aquele programa me agradava como nenhum outro, na época. Talvez fosse porque eu era um garoto solitário em busca de amigos, apesar do fato de adorar ficar em casa. Talvez eu só gostasse da ideia de que os fantasmas podiam ser pequenos querubins amigáveis, com risadas engraçadinhas e corações de ouro transparentes. E que nunca machucavam ninguém.

Independentemente da razão, esse programa foi minha primeira introdução aos fantasmas e à ideia de que poderia haver um mundo invisível entre nós.

Quando bateu o sinal de saída às 2:40, eu corri para a casa da minha avó, do outro lado da rua, liguei a TV em *The Magic Garden* e esperei minha mãe chegar do trabalho e me levar para casa junto com as minhas irmãs, Julie e Suzie, que tinham 4 e 2 anos na época. Nós morávamos perto, bastava atravessar o estacionamento da escola. Eu ia e voltava entre assistir a Paula e Carole reencenando a história *Caps for Sale* na TV e consultar o relógio cuco de madeira que nunca tocava, acima do sofá da sala. Os minutos pareciam horas, enquanto eu pensava no homem com o pescoço quebrado andando naquela casa em ruínas e chamando meu nome. Embora eu tivesse certeza de que o meu colega de escola estava mentindo, ainda tinha minhas dúvidas.

Ficava pensando no dia em que minha família e eu tínhamos visitado a casa. Será que o fantasma estava lá também, se escondendo num canto escuro, esperando por mim, pronto para jogar o laço na minha cabeça e me pendurar no batente de uma porta?

Por fim, a minha mãe chegou, apressada e correndo para nos levar para casa e preparar o jantar para o meu pai. Enquanto íamos caminhando para casa, eu contei a ela o que o garoto tinha me dito.

— Não escute o que ele diz — disse ela. — Eu não senti nada quando estivemos lá.

Isso fez com que me sentisse muito melhor, então perguntei:

— Fantasmas existem?

Ela não respondeu. Perguntei de novo e tudo o que ela disse foi:

— Vamos mais depressa. Seu pai vai chegar em casa logo.

Essa não era a primeira vez que eu fazia essa pergunta a ela. Eu a fizera muitas vezes, praticamente desde o momento em que nos mudáramos da casa da minha avó para a nossa própria casa. Por quê? Porque nossa nova residência estava sempre fazendo barulho.

Construída em 1904, a velha casa colonial era cheia de correntes de ar e assoalhos que rangiam. Os quartos eram geralmente frios. Essas coisas de fato aconteciam enquanto eu morava lá. Nós nos mudamos em 1976. Eu tinha 6 anos de idade na época e não tinha ideia de que o lugar já tinha uma reputação não muito boa. Era conhecida como uma comunidade hippie, um lugar onde jovens da região com roupas tingidas em casa e calças boca de sino vinham fazer festas e consumir drogas regularmente. Os proprietários anteriores tinham alugado a casa para o filho, um estudante universitário, e havia uma espécie de acordo entre eles: os pais não perguntavam nada e o filho também não contava nada do que acontecia ali. Havia festas com frequência, e muitas vezes a minha avó via pela janela as luzes de um carro de polícia estacionado do lado de fora, durante a madrugada.

Meus pais tinham se casado em 1968 e estavam morando com os pais da minha mãe há quase oito anos, e por volta de 1976 eles estavam prontos para se mudar. No início daquele ano, minha mãe estava voltando para casa do trabalho quando encontrou um pedaço de jornal meio amassado no quintal. Abriu-o e viu circulado em vermelho o anúncio da casa do outro lado do estacionamento. Ela viu isso como um sinal de Deus e logo se convenceu de que meu pai devia ir dar uma olhada.

A casa estava uma baderna. Os quartos, muitos deles cheios de lixo e colchões mofados espalhados pelo chão, estavam pintados de laranja vibrante, rosa e vermelho. Nas paredes havia adesivos de estrela e flores. O lugar tinha um cheiro horrível e, na sala da frente da casa, havia um aquário vazio de 400 litros que, segundo tinham dito aos meus pais, abrigava uma jiboia de mais de quatro metros. Meu pai, um tapeceiro, era um sujeito da classe trabalhadora que detestava hippies e às vezes andava pela casa à noite e via "os meninos da faculdade" sentados no gramado, fumando e tocando violão, enquanto a cobra gigante descansava calmamente no colo das namoradas.

Meu pai odiou o lugar. Minha mãe, no entanto, conseguiu ver além do desastre em que estava a casa, o gesso caindo aos pedaços e o assoalho solto. Ela viu um lugar que poderia transformar num lar. Por fim, conseguiu convencer o meu pai de que a casa era uma boa opção. Meu pai não estava muito animado com a ideia de morar ao lado dos sogros, especialmente depois de ter vivido tantos anos na casa deles, mas acabou fazendo um acordo com os proprietários. Meus pais iriam alugar a casa por pelo menos um ano, com a opção de comprá-la posteriormente. Minha mãe estava nas nuvens e, apesar de minhas duas irmãs e eu termos ficado assustados com o interior da casa, estávamos extasiados com o quintal enorme. Havia um amplo espaço para brincar e três árvores gigantes; então, para nós, não era apenas um parque particular, mas nossa floresta particular.

Meus pais passaram meses limpando o local, jogando fora móveis velhos, bongôs quebrados e revistas mofadas. Embora eu só fosse saber disso anos mais tarde, minha mãe também encontrou uma caixa cheia de cartas de tarô, um tabuleiro Ouija e estranhos livros que a deixaram arrepiada de medo e foram rapidamente descartados. Eles passavam as noites pintando a cozinha e os quartos, colocando carpetes e pregando painéis de madeira escura nas paredes da sala de estar e de jantar. (Esse era o estilo na época, mas, cá entre nós, o que eles viam de bonito naquilo?) Quando nos mudamos oficialmente, meus pais tinham transformado o antigo lugar numa aconchegante casinha para uma jovem família.

Mas a casa estava sempre fria e vivia estralando e crepitando como sucrilhos. À noite ouvíamos o que pareciam batidinhas por trás de algumas paredes. Disseram-nos que não precisávamos nos preocupar, que era apenas o encanamento. Em outras ocasiões, ouvíamos rangidos na escada como se alguém estivesse subindo e descendo. Novamente, disseram para não nos preocuparmos, que a madeira estava apenas se expandindo e contraindo por causa de problemas com o sistema de aquecimento.

Meu pai tinha uma explicação prática para tudo. Como o pai de Grace, ele era pau pra toda obra e o melhor funcionário da oficina Rube Goldberg. Sabia consertar qualquer coisa e orgulhava-se de saber remendar o amortecedor de um carro com uma lata e um cabide, e canos de água furados com massinha de modelar e elásticos de borracha. Meus pais acabaram comprando a casa. Eu acho que meu pai passou a vê-la como um imenso desafio para a sua inteligência e criatividade. E embora tenha conseguido muitos sucessos, incluindo a instalação de pias novas, novos banheiros e armários de cozinha novos, nunca pareceu ter muita sorte com o bendito aquecedor. O problema continuou por anos. A cada outono, eu e ele consertávamos os radiadores de ferro fundido que pareciam acordeões gigantes nos cantos de cada cômodo. Por algumas semanas, a casa ficava confortável e acolhedora. Mas tão logo os dias e as noites ficavam mais frios em dezembro, geralmente um pouco antes do Natal, a fornalha quebrava. Em qualquer dia da semana, era possível encontrar, pela manhã, a minha mãe, minhas irmãs e eu reunidos em torno do forno aberto, tentando nos aquecer, com meu pai soltando palavrões no porão.

Numa ocasião, minha mãe tinha colocado água no fogo para fazer um chá. Eu estava aquecendo minhas costas, enquanto ela estava em outro cômodo, preparando minhas irmãs para ir à escola. Eu devo ter chegado perto demais do queimador aceso, porque minha camiseta pegou fogo e as chamas começaram a lamber as minhas costas. Eu só percebi que havia alguma coisa errada quando vi minha mãe entrar correndo na cozinha, agitando os braços. Ela me jogou no chão e começou a bater nas minhas costas com as mãos. Eu tentei tirá-la de cima de mim, mas ela era mais forte. Senti o cheiro de algo parecido com papel queimado e gritei. Ela gritou também e eu ainda não tinha certeza do que estava acontecendo. Quando tudo acabou, minha camiseta carbonizada caiu aos pedaços à minha volta. Toda a parte de trás tinha queimado. Eu estava bem e a minha mãe também. Ela me disse que as chamas tinham chegado ao teto e, quando olhei para cima, vi uma marca preta acima de onde eu estava. Nenhuma parte do meu corpo foi queimada, nem meu pescoço, nem meu cabelo. Minha mãe considerou um milagre e, quando lhe agradeci, ela me disse para agradecer aos anjos que me protegeram.

Depois disso, o fogão, como um meio de nos aquecer, estava fora de questão.

Por um curto espaço de tempo, as batidas atrás das paredes desapareceram, mas novos barulhos pareceram substituí-las. Ouvíamos regularmente o que pareciam passos andando pelo sótão quando não havia ninguém lá.

Ocasionalmente, ouvíamos um grande estrondo pela casa sem nenhuma razão aparente, como se um pequeno exército invadisse um dos cômodos. O barulho nunca parecia vir de fora, sempre de dentro. E a escada continuava rangendo durante a noite.

— É uma casa antiga — meu pai nos dizia. — Faz barulho.

Então, com um toque de amargura na voz, ele acrescentava:

— Além disso, ouvimos *tudo* o que acontece lá fora.

O "tudo" a que ele se referia era o tráfego diário que era, na época, e ainda é, uma parte da vida daquela região da cidade.

Empresas foram abertas e fechadas, e as fachadas de lojas mudaram várias vezes ao longo dos anos; até mesmo a cerca de madeira verde do campo de beisebol, onde eu fiz o meu primeiro e único ponto na liga infantil, foi substituída por uma corrente fria e impessoal, e a maioria das crianças com quem eu brincava cresceram e estão morando em outros lugares, longe daqui. Ainda assim, Rockville Centre não mudou muito nos últimos 30 anos. Um subúrbio na costa sul de Long Island, a 50 quilômetros de Manhattan, a cidade é um local familiar silencioso e pitoresco, com grandes casas, ruas arborizadas e gramados bem cuidados. Nossa casa, no entanto, fica numa região comercial onde fazem parte da paisagem local fossas de óleo, confeitarias, bares e uma variedade de comércios de pequeno porte — desde barbearias e lojas de fotocópias até um serralheiro e uma loja de brinquedos que ainda vende aeromodelos.

Nos fins de semana e durante as férias de verão, a região é um ímã para os adolescentes com imaginação limitada e sem muito o que fazer. Você não encontra muitas pichações em Rockville Centre, exceto perto da nossa casa.

Nosso quarteirão é também o que alguns chamavam de "uma artéria para a cidade católica". Do outro lado da rua da nossa casa fica a Escola Primária St. Agnes, onde minhas irmãs e eu estudamos durante oito anos. Perto dela fica o Necrotério Macken, uma empresa familiar que é o lugar para onde vão os católicos quando batem as botas. Ao lado do necrotério está a Escola Secundária St. Agnes, do outro lado da viela da grande catedral, que se tornou a sede da diocese católica de Long Island em 1957, sete anos após o acidente de trem, a poucos quarteirões de distância.

Se uma pessoa estiver no lado leste da cidade e tiver que chegar a um desses lugares, certamente terá de passar pelo nosso quarteirão. Não é incomum ouvir barulho do lado de fora: alunos fazendo arruaça durante o dia, fiéis fofocando nos fins de semana, bêbados falando alto e vomitando perto de postes telefônicos ou os sons de vozes estranhas brigando no meio da noite. Nem é incomum pegar garotos fumando maconha ou um casal namorando dentro do carro.

Durante o dia, meu pai trabalhava na oficina de uma loja de móveis de cozinha na Sunrise Highway, a dois quilômetros de casa. À noite, ele entregava as cadeiras e mesas que fazia e montava durante todo o ano para clientes de Long Island e das vizinhanças. Ele às vezes trabalhava até às nove horas da noite, fazendo entregas e, quando já era noite acendia um velho holofote em frente à casa dos clientes, para localizar o endereço exato.

— As casas dos ricos sempre têm os números menores e estão com as luzes de fora apagadas — ele reclamava. — Como, diabos, eu posso entregar esta merda se não consigo localizar a casa deles?

Mal sabia eu na época que os desabafos grosseiros do meu pai eram minha primeira incursão ao mundo das diferenças de classe.

Quando era pequeno, às vezes eu o acompanhava nessas entregas noturnas. Ao chegarmos em casa depois desses passeios, muitas vezes encontrávamos amantes incautos dentro de pequenos Subarus suados e fuscas escondidos nas sombras do estacionamento perto da nossa casa. Meu pai tirava o velho holofote do carro, inclinava-se sobre a cerca e jogava o facho de luz sobre o casal. Quando eu digo holofote, deixe-me ser mais específico: eram 10 mil velas. Na verdade, ele sempre me alertou para que nunca direcionasse o facho para os olhos de ninguém, embora eu tenha feito isso várias vezes comigo mesmo. De qualquer forma, graças ao meu pai, eu pude ver meu primeiro traseiro nu.

— *O que estão fazendo aí?* — ele gritava para eles, com uma risada.

Então víamos movimentos bruscos por trás do para-brisa. Segundos depois, os faróis se acendiam e o casal humilhado, corado de excitação e só meio vestido, dava o fora do estacionamento, para nunca mais ser visto novamente. Meu pai, embora fosse um comediante, não tinha um pingo de romantismo.

Minha mãe, por outro lado, era super-romântica — o oposto do meu pai. A única coisa que eles pareciam ter em comum era a juventude. Casaram-se quando tinham 16 e 17 anos. Ele era luterano, pragmático e realista. Ela era católica, idealista e sonhadora. Minha mãe era uma espécie de mística suburbana. Ela via e sabia de coisas que outras pessoas não viam nem sabiam. Quando era menina, teve uma visão de Jesus de pé numa porta, momentos antes de saber da morte do seu amado avô.

— Ele tinha um semblante bondoso — disse ela.

Ela considerou essa visão como um sinal de que deveria dedicar sua vida a Deus. Duas noites depois, teve outra visão, mas dessa vez não foi de Jesus. Ela acordou de um sono agitado com a sensação de que havia alguém sentado em sua cama. Quando abriu os olhos, seu avô estava lá, sorrindo para ela. Ela olhou para ele por alguns instantes e depois esticou o braço para tocá-lo e ele desapareceu.

Visões como essas não eram novidade em sua família. A mãe dela, Julia McGreevy Powell, que trabalhou por mais de vinte anos como açougueira em vários supermercados de Long Island, teve visões de Jesus em cinco ocasiões diferentes ao longo da vida. Como minha mãe, ela via essas ocorrências como sinais de que deveria entrar para um convento. Minha avó, uma mulher irascível natural do Brooklyn, que adorava contar histórias sobre Coney Island e Ebbets Fields e que lembrava todo mundo, praticamente todos os dias, de que ela achava Frank Sinatra uma cobra, era completamente diferente. Casou-se, alguns diziam, apenas pelo gosto de se casar. Seu marido, o meu avô, tinha servido na marinha dos Estados Unidos durante a Segunda Guerra Mundial e trocou várias vezes de emprego até finalmente se estabelecer como coveiro, onde o trabalho era relativamente calmo e solitário. Minha avó gostava de falar. Meu avô não gostava e, na verdade, eles nunca se deram muito bem. Ainda assim, tiveram três filhos e a infelicidade que se seguiu nunca foi atribuída à decisão da minha avó de escolher um cônjuge incompatível, mas sim à sua recusa em se tornar freira.

— Deus — ela dizia — só me trouxe azar.

Minha mãe nunca acreditou nisso. Ela amava a Deus e rezava todos os dias, às vezes sentada em igrejas vazias, olhando para os vitrais e os crucifixos sempre suspensos sobre o altar. Por um tempo ela sonhou em ser freira, em dedicar sua vida a Deus, a quem ela amava mais do que tudo na vida. No entanto, quando fez 15 anos conheceu o rapaz que seria meu pai (ele tinha 16) e um ano depois os dois se casaram, antes mesmo de terem idade para votar. Tanto os pais dele quanto os dela de início foram contra a decisão. Mas, embora a família do meu pai ficasse cada vez mais arredia, os pais da minha mãe rapidamente aprenderam a aceitar o menino alto e magricela, acabando por acolhê-lo em sua pequena casa, que mais parecia um celeiro. A cerimônia de casamento foi modesta. Apenas os pais da minha mãe compareceram. Mas aquilo foi, como minha mãe sempre contava, tudo parte do plano de Deus. Que plano era esse (e ela fez alusão a ele muitas vezes na minha infância), ela nunca me disse. Eu nasci um ano depois e minha irmã um ano e meio depois. Mais três irmãs vieram ao longo dos dez anos seguintes.

Meus avós nunca tiveram muito dinheiro, e meus pais também eram muito pobres naqueles primeiros anos. Minha irmã Julie e eu morávamos com eles no pequeno porão inacabado da casa dos meus avós. Parte dele tinha chão de terra batida, para não mencionar os canos de água e esgoto expostos. Eu tive um monte de pesadelos lá, mas minha mãe estava sempre por perto para me tranquilizar e dizer que estava tudo bem, que sempre havia anjos velando por mim e que não havia razão para eu ter medo.

O primeiro grau passou rápido e eu amadureci. Deixei para trás Gasparzinho, sua melhor amiga, a bonita bruxinha loira, Luísa; e seu fiel cavalo branco, Pesadelo, substituindo-os por uma versão mais adulta, e muito mais cética (mas ainda animada) do sobrenatural. Isso mesmo, *Scooby-Doo*. Ali estava uma visão totalmente diferente do mundo dos fantasmas e dos monstros. Apesar de Gasparzinho sempre ocupar um lugar especial no meu coração, Scooby e sua turma — o sentimental Salsicha, Fred e o seu lenço de seda no pescoço, a *nerd* Velma e a desejável Dafni (eu tenho uma queda por ela até hoje), com a sua Máquina de Mistério e sua abordagem científica, embora absurda, para solucionar crimes — incutiram em mim duas ideias muito importantes: primeiro, fantasmas não existem; segundo, se você procurar, sempre vai achar uma explicação lógica para as coisas que se esgueiram pela noite.

Com todos os ruídos que aconteciam na nossa casa, essas ideias acabavam por ser terapêuticas, e eu as repetia para mim mesmo quando sentia medo. E se os episódios de *Scooby-Doo* não eram o bastante para me convencer de que fantasmas não passavam de fruto da minha imaginação, a escola católica certamente era. As freiras, os padres e os professores incutiam em nós durante as aulas de religião que Deus era bom, que Jesus nos salvou dos nossos pecados e que só um espírito existia — o Espírito Santo. Não havia essa conversa de fantasmas ou espectros, anjos ou demônios com relação a esse assunto.

Consequentemente, os reconfortantes mantras de *Scooby-Doo* tornaram-se verdades incontestáveis na minha juventude. Eles passaram a ser especialmente úteis porque a minha família e eu continuávamos a ouvir barulhos inexplicáveis durante a noite: o barulho de passos no andar de cima quando não havia ninguém lá, a escada rangendo sem motivo aparente, como se alguém se esgueirasse para ouvir nossas conversas; os sussurros fracos e indiscerníveis que ouvíamos enquanto minhas irmãs e eu brincávamos com nossos brinquedos, o toque da campainha no meio da noite sem que ninguém a tocasse, o som de vidro se quebrando quando não havia nenhuma evidência de uma janela quebrada ou da queda de um prato ou garrafa em algum lugar.

E embora eu rapidamente garantisse para mim mesmo que fantasmas não existiam e que tudo tinha uma explicação lógica (eu não parava de repetir esse mantra), nem todos da minha família estavam convencidos disso.

Uma noite, no outono de 1977, minha mãe me disse durante o jantar que havia um fantasma na nossa casa. Na época eu tinha 7 anos, e estávamos sentados na mesa da cozinha. Estávamos apenas nós dois. Meu pai estava numa viagem de caça e minhas irmãs estavam na sala, assistindo TV. Eu sempre comi devagar e mamãe estava me fazendo companhia à mesa da cozinha. A minha lembrança mais vívida não são as palavras que ela disse, mas a textura emborrachada das costeletas de porco que eu comia. Era um pouco como tentar comer um velho chiclete mascado — e sem gosto — e não importa o quanto eu mastigasse ou quanta saliva excretasse, os pedaços de carne de porco nunca amoleciam o suficiente para serem engolidos com facilidade. Minha mãe estava convencida de que um de nós podia morrer de triquinose, então ela fervia todos os pertences do porco até que ficassem com cor de água suja. Botulismo causado por latas estragadas era outra preocupação. Como a nossa família não tinha muito dinheiro na época, o que comíamos na maior parte das vezes provinha de embalagens danificadas, que custavam metade do preço. Eu tinha ouvido certa vez no noticiário noturno que o conteúdo de uma lata amassada podia significar morte certa. Eu me imaginava afogado numa poça do meu próprio vômito, e dessa imagem, não dos fantasmas, eu morria de medo.

As refeições em nossa casa sempre pareciam um pouco como a última ceia; creme de milho, feijão, cenouras, todos eles balas na agulha, no jogo fatal da roleta-russa da hora do jantar. Em mais de uma ocasião, minha mãe assegurou-nos de que podia eliminar as bactérias cozinhando bem os alimentos, mas nunca acreditei muito nisso. Depois de cada mordida eu esperava um minuto para ver se ia morrer.

Voltando à minha mãe e eu, sozinhos à mesa da cozinha.

— O que você falou? — perguntei entre as mordidas de cavalo na carne de porco.

Minha mãe, que adorava suas imagens de Jesus aveludadas e antigos filmes de Hayley Mills, não estava brincando. Com um olhar sério no rosto, ela deu uma tragada no cigarro e bebeu um gole da sua xícara de chá.

— Tem um fantasma na nossa casa. Ela está na sala da frente.

Ela disse essas palavras com naturalidade, como se tivesse dito: "Hoje é quarta-feira" ou "Sua tia está tomando remédios" ou "Seu avô fez três sepultamentos no último fim de semana".

— Você pode ver esse fantasma?

— Não. Eu posso sentir. Ela deixa uma impressão em mim. Gosta de ficar perto da janela da sala da frente. É como se estivesse esperando alguém.

Eu não sabia do que ela estava falando.

— É para ficar com medo? — perguntei.

Ela disse que não. Talvez fosse seu jeito inexpressivo, quase cirúrgico, de tratar o assunto ou talvez eu estivesse mais interessado em saber como, em nome de Deus, eu ia conseguir engolir a comida sem vomitar tudo na mesa, mas não senti medo. Eu nunca sentia medo quando estava perto da minha mãe. No momento, não posso dizer que acreditei nela nem que desacreditei. Não havia razão para a minha mãe inventar a história. Ela não estava tentando me assustar e nunca falava muito sobre isso. Apenas em algumas ocasiões, ao longo dos anos, ela mencionou o fantasma na nossa casa, lembrando-me de que a mulher, pois se tratava do espírito de uma mulher, estava apenas se sentindo solitária; e, como ela não estava causando nenhum problema para nós, não havia necessidade de causarmos problemas para ela.

Minha mãe era uma pessoa muito sensível, não apenas emocionalmente (embora ela chorasse sempre que assistia a filmes românticos), mas de outras maneiras também.

Ela sabia quando ia chover e quando ia nevar, independentemente do que dissessem os meteorologistas. Ela dizia que sentia as almas dos mortos na igreja, mas não nos cemitérios. E muito antes de existir o identificador de chamadas, era capaz de dizer quem estava na linha antes de atender ao telefone.

E também havia os sonhos. Eram sonhos sobre gatinhos e cães perdidos que apareciam dias depois, na frente de casa, como náufragos em busca de terra firme. Minha mãe levou muitos desses animais errantes para a nossa casa temporariamente, mas nem todos eles conseguiram um refúgio ali. Às vezes anjos batem à nossa porta, ela dizia, às vezes "outras coisas" batem à nossa porta. Nós deixamos os anjos entrarem. Não queremos as *outras coisas* em nossa casa. O que as "outras coisas" eram e como ela sabia a diferença, nunca dizia com certeza. *É apenas um sentimento que eu tenho, ela me dizia.*

Na infância, sempre gostei de ficar com a minha mãe e ouvir suas histórias. Mas eu simplesmente não tinha o mesmo entusiasmo, a mesma crença que ela num mundo invisível de espíritos e forças angélicas e demoníacas. Essa foi, provavelmente, a razão por que eu sentia que nada de estranho jamais iria acontecer comigo, com exceção de ouvir os barulhos da nossa casa, que nunca desapareceram, mas se tornaram tão familiares que na maioria das vezes eu nem me lembrava deles. Mesmo quando a casa parecia estar fazendo algo apavorante, eu, como meu pai, era racional. Tudo tinha uma explicação razoável. Quais eram essas explicações, bem, nunca soubemos. E eu não me importava. Era difícil me convencer de alguma coisa, mesmo quando o dom da minha mãe para ver coisas que os outros não viam provava ser presciente e aterrorizante.

No final de uma noite de março de 1983, quando eu tinha 13 anos de idade, ouvi minha mãe chorando no andar de baixo. Meu quarto ficava no segundo andar. Eu estava dormindo, mas acordei para ir ao banheiro. Na volta, ouvi o som de choro.

Durante toda a minha infância, meus pais se exaltavam facilmente e brigavam quase o tempo todo. O som de gritos ou choro não era algo fora do comum. Mas o que era estranho nesse caso é que, até onde eu sabia, não tinha ocorrido nenhuma discussão. Eu muitas vezes acordava quando eles começavam a gritar, mas, naquela noite, exceto pelo barulho do choro fraco, tudo estava em silêncio.

Eu desci até o andar de baixo para ver o que havia de errado. Ali estava a minha mãe, sentada no escuro, na sala da frente, fumando um cigarro e olhando pelo janelão que dava para o nosso quarteirão e para um ponto de encontro dos veteranos de guerra, do outro lado da rua. Era também visível a torre da Catedral de St. Agnes a uma curta distância, recortada contra o céu noturno. Minha mãe estava sentada numa velha cadeira, em posição fetal, toda encolhida, com os joelhos dobrados sob o queixo, e estava chorando. Na sua mão esquerda eu vi o brilho alaranjado da brasa do cigarro, e na outra mão ela segurava um velho cinzeiro de plástico. Nem estou bem certo se ela viu que eu tinha entrado na sala.

Perguntei baixinho se havia algo errado. A princípio ela não respondeu. Parecia que estava em transe. Cheguei mais perto e sussurrei novamente. Senti medo, não da minha mãe, mas da situação. Talvez ela estivesse doente.

Minha mãe deu uma tragada no cigarro e sentou-se ereta, balançando ligeiramente, para a frente e para trás, na cadeira. Seu cabelo estava atrás das orelhas. Meu pai sempre dizia que ela parecia uma garotinha quando fazia isso, e por um breve momento senti como se os nossos papéis estivessem invertidos. Era sempre ela quem me perguntava o que havia de errado, que estendia a mão para mim e tentava me confortar; agora eu queria fazer o mesmo.

Mais uma vez perguntei o que ela tinha. Ela respirou fundo e, quando fez isso, as lágrimas começaram a escorrer pelo seu rosto. Calmamente, ela disse chorando:

— A luz da igreja está apagada.

É isso?, pensei. *Ela está chorando porque o bispo se esqueceu de pagar a conta de luz?* Fiquei parado ali, de pijama, entre aliviado e perplexo. Esperei que ela dissesse mais alguma coisa, mas ela não disse. Começou a hiperventilar e eu perguntei se precisava de um saco. Ela assentiu com a cabeça.

De vez em quando, geralmente depois de discutir com meu pai, minha mãe perdia o fôlego e precisava respirar dentro de um saco de papel pardo. Eu nunca entendi como respirar num saco podia fazê-la se sentir melhor. No entanto, corri pelo corredor até a cozinha, encontrei um saco e corri de volta até ela. Eu o abri, enrolei um pouco as bordas, entreguei a ela, e vi o saco se expandir e se contrair como um pulmão externo.

Eu fiquei ali, confuso com o que estava acontecendo. Pensei por um momento em chamar meu pai, mas decidi só ficar com ela. Olhei pela janela, na direção da St. Agnes, e minha mãe estava certa, a luz no alto da igreja, logo abaixo do crucifixo de ferro, estava apagada. Embora eu tivesse visto a catedral quando entrei na sala, não tinha percebido o quanto parecia escura. Aquilo me pareceu um pouco estranho, pois, pelo que eu me lembrava, a luz estava sempre acesa. Mas por que será que isso estava perturbando a minha mãe?

Quando ela parou de respirar dentro do saco, parecia um pouco mais com ela mesma. Perguntei-lhe novamente o que estava acontecendo, por que estava tão chateada.

— É um mau sinal — ela disse. — *Eles* estão me dizendo que algo terrível vai acontecer.

Perguntei quem eram *eles*. Ela não respondeu. Perguntei do que ela estava falando.

— Algo terrível está para acontecer com uma pessoa próxima. Alguém vai fazer alguma coisa horrível.

Até então eu nunca tinha sentido medo de nada que minha mãe dizia ou fazia. Tudo isso mudou num instante. Eu fiquei ali, como se as minhas pernas tivessem se transformado em tocos de árvores, com raízes grossas penetrando no chão. Eu queria dar meia-volta e correr para o andar de cima, mas minha mãe começou a falar rápido. Segundo ela, a princípio recebeu a mensagem truncada e pensou que eu estava em perigo. Então, *eles* disseram não, não, não, ela tinha entendido tudo errado. *Eles* a estavam deixando confusa, as vozes estavam todas murmurando, disse ela, e elas falavam cada vez mais rápido.

Senti a sala começar a girar como se eu estivesse no olho de um furacão, e eu só queria que tudo parasse, queria que a minha mãe parasse de falar, queria que meu pai descesse as escadas. Eu não sei por que, mas queria estar morando no porão da minha avó novamente, queria estar longe, muito longe, da nossa casa, e queria que a maldita luz aparecesse no topo da igreja. Queria dizer a ela que ia ficar tudo bem, que tudo tinha sido um sonho ruim. Ela continuou dizendo que *eles, eles, eles, eles...*

— Quem são *eles*, afinal? — eu finalmente gritei, e ela pareceu acordar do que quer que estivesse acontecendo. Seu corpo relaxou, como se algum feitiço tivesse sido quebrado, e ela me olhou nos olhos, a cabeça inclinada para o lado.

— Deus, Jesus e Maria — disse ela.

— O quê?

— E eles não vão fazer nada para que pare.

— Mãe, isso é só um pesadelo.

— Volte para a cama — disse ela.

Eu não disse nada, só me virei e subi as escadas. Meu quarto ficava bem acima do cômodo da casa em que a minha mãe estava, então fui para a janela e abri a cortina. Olhei para fora, na direção da catedral envolta em sombras, parecendo um sinistro monstro cego, esperando para me atacar. Eu me senti mal por minha mãe e quis voltar lá para baixo, mas logo ouvi passos subindo as escadas e uma porta se fechando. Olhei para fora outra vez e tentei recordar se eu já tinha visto a torre às escuras assim antes. Não consegui me lembrar nem de uma única vez, mas depois constatei que nem sempre olhava para fora à noite, então, como poderia saber?

Eu fui para a cama e tentei dormir, mas fiquei pensando sobre o que tinha acontecido, no rosto da minha mãe e nas palavras dela, que davam cambalhotas na minha cabeça, como um brinquedo caindo das escadas. Eu me senti tonto, mas depois de algum tempo passei a acreditar que minha mãe estava simplesmente tendo um sonho ruim. O sono acabou me dominando.

Em 20 de março de 1983, uma semana após esse incidente com a minha mãe, eu estava sentado na sala assistindo ao noticiário da noite na televisão. Era domingo, uma semana antes do Domingo de Ramos e duas semanas antes da Páscoa, e eu e minha família tínhamos passado a manhã no quintal, fazendo a faxina da primavera. Tinha sido um dia tranquilo, um fim de semana como muitos outros. Todo mundo estava se dando bem e meus pais tinham me levado a uma loja de revistas em quadrinhos que eu adorava, perto de casa, em Levittown. Nós tínhamos almoçado ali pelas quatro horas, como normalmente fazíamos nos fins de semana, e minha mãe e minhas irmãs estava na cozinha, lavando a louça.

A história do momento era o assassinato de um menino de 14 anos em Long Island. Como todas as principais estações de TV da época — ABC, CBS, e NBC — ficavam na cidade de Nova York, Long Island quase nunca era mencionada no noticiário da noite (o caso de Amy Fisher ainda demoraria anos para acontecer), então eu prestei muita atenção. Além disso, eu tinha apenas 13 anos na época e foi surpreendente saber que um menino quase da minha idade tinha sido morto. À medida que o apresentador continuava, a história ficava ainda mais inquietante.

O assassinato tinha ocorrido em nossa cidade, Rockville Centre. A vítima fora esfaqueada várias vezes quando deixava um beco perto de um velho posto de gasolina abandonado, na Merrick Road.

Uma breve imagem panorâmica da área, isolada pela polícia, encheu a tela. Eu conhecia o lugar! Durante anos, eu e meu pai tínhamos passado por lá. Era do outro lado da rua do hospital onde a minha irmã mais nova, Annie, tinha nascido dois anos antes.

O apresentador continuou, revelando o nome do menino, Christopher Grun. Eu repassei todos os nomes que conhecia da escola e da cidade, e felizmente não conhecia nenhum Christopher Grun. Eu na verdade conhecia um Christopher Gruhn, um aluno do oitavo ano do St. Agnes. Ele era meu colega da escola e tinha me ensinado como fazer bolas de papel higiênico e depois jogá-las contra o teto do banheiro dos meninos. Era também o irmão de uma menina da minha classe. Mas não poderia ser a mesma pessoa, poderia? O apresentador tinha dito Grun, como "*run*"; não Gruhn, como "*broom*".

Tirei os olhos da TV e vi minha mãe parada na porta da cozinha, com o rosto pálido, começando a chorar. Alguns instantes depois, o telefone tocou e minha mãe e eu nos entreolhamos. O tempo pareceu parar, cada toque durava uma eternidade, o silêncio entre eles ainda mais longo. Finalmente, minha mãe pegou o fone. Era uma das mães da St. Agnes.

O locutor tinha pronunciado o nome errado.

Capítulo 3

Em junho de 2007, Grace me ligou no trabalho para dizer que estava grávida. Essa foi uma grande notícia. Ela estava feliz, como eu, mas falou com calma, num tom cauteloso, muito diferente do que usara no início do ano quando, cheia de excitação, quase acertou meu olho acidentalmente com o teste caseiro de gravidez. Os últimos meses tinham sido uma grande batalha para ela, tanto mental quanto fisicamente. Ela estava triste e cansada o tempo todo e ficava repetindo a cena do consultório do médico, quando tinha ouvido a notícia sobre o aborto. Questionava tudo sobre o período que antecedeu aqueles momentos — o que comia, os exercícios que fazia, as vitaminas que tomava, os pensamentos que tinha —, na esperança de encontrar uma explicação para o que tinha acontecido. Segundo me disse, ela se sentia "com o estômago revirado" e simplesmente "foi piorando".

E tinha problemas para dormir. Como eu.

Bakhtak não é apenas a palavra persa para "pesadelo", é também um demônio que se senta sobre o peito de uma pessoa adormecida com a intenção de sufocá-la. No folclore Inglês, o espírito maligno é conhecido como Bruxa Velha, nome que deriva de uma crença medieval segundo a qual as bruxas atacavam vítimas inocentes à noite e as sufocavam, esmagando seus pulmões. Pessoas que sofriam esses ataques relatavam sons de passos, quando entravam num cômodo em que não havia ninguém, cheiros repugnantes ou a visão de uma criatura medonha e repulsiva rastejando sobre seus corpos. Hoje a ciência refere-se a esse fenômeno como paralisia do sono, uma condição médica em que o cérebro desperta de um ciclo de sono REM, mas o sistema nervoso permanece em repouso, provocando pânico e alucinações. Embora muitos médicos acreditem que ela possa ser causada por falta de sono ou stress, muitas pessoas que não pertencem à comunidade médica acreditam que se trata de uma forma de ataque psíquico de uma força maléfica.

Na infância, às vezes eu tinha um sonho recorrente em que via uma criatura de olhos negros, muito grandes, em pé sobre a minha cama. Ela era escura e não se movia até que percebesse que eu podia vê-la. Então ela se aproximava, agarrava meu pescoço e começava a me esganar. Eu lutava, mas era inútil. Ela me empurrava contra a cama, e eu sentia uma pressão no peito, como se estivessem colocando blocos de concreto sobre mim. O sonho nunca durava muito tempo, mas era aterrorizante. Quando acordava, eu estava trêmulo e ofegante. Eu não tinha mais sonhos assim desde a adolescência, mas recentemente tinham começado de novo.

Uma vez, de madrugada, troquei de lugar com Eddie, que também estava com dificuldade para pegar no sono. Ele foi dormir com Grace na nossa cama e eu fiquei na dele. A estranha atmosfera elétrica em seu quarto tinha diminuído um pouco. Eu ainda a sentia de vez em quando, mas não como na primavera. Presumi que tinha acertado em minha suposição inicial de que o quer que fosse tinha a ver com o clima e a temperatura dentro e fora da casa. (Admito, os brinquedos elétricos do meu filho — caminhões, trens, animais falantes — costumavam funcionar sozinhos. Grace notou isso também, mas nós continuamos a supor que a causa fossem as pilhas fracas.) Adormeci com a porta aberta. Em algum momento acordei, ou pelo menos pensei que acordei. Eu estava deitado de costas e virei a cabeça e vi a luz do banheiro acesa. Então, algo escuro atravessou o corredor e parou na porta. Parecia a sombra de uma pessoa. Ela não tinha rosto. Não tinha mãos. Não se mexia. Meu coração disparou. Eu tentei saltar da cama, mas não conseguia me mover. Senti como se meu peito estivesse sendo esmagado e, quanto mais eu me mexia, mais sentia como se o meu peito fosse explodir. Entrei em pânico. Ofeguei, sem ar. Senti-me como na ocasião em que eu tinha 14 anos e desafiei meu primo a atravessar um laguinho a nado e quase me afoguei, a água marrom enlameada em torno de mim enchendo meus pulmões e me arrastando para baixo, salvo por algumas explosões estranhas de força e lucidez. Eu tentei de novo me levantar, mas sem sucesso. Não sabia o que fazer.

Em algum momento, percebi que estava sonhando. Tinha que ser um sonho. Tudo o que eu queria era acordar, mesmo me sentindo cada vez mais pressionado contra a cama. Era como se estivesse sendo enterrado vivo. Lutei e tentei mover as mãos, mas nada. Podia sentir meu tronco se contorcendo enquanto eu tentava me levantar, como se estivesse embrulhado num lençol. Eu me assustei e gritei para Deus me ajudar, e foi então que acordei, e não apenas acordei, mas acordei ao som do carrinho de brinquedo do meu filho andando pelo chão.

Fiquei ali ofegante, petrificado. Não havia ninguém no quarto, nenhuma sombra, apenas o som quase metálico de um brinquedo de criança. Eu estava suando e pensei por um momento que ainda estava sonhando. Mas essa parte não era um sonho. Escutei o rodopio do carrinho e quis pará-lo, mas tive medo de sair da cama. Em instantes, porém, o medo se transformou em frustração e a impaciência se transformou em raiva e eu gritei:

— Pare essa merda!

O brinquedo parou e eu fiquei deitado ali, em silêncio. Depois de alguns instantes, eu me sentei na cama, olhei em volta e ainda pude sentir meu coração acelerado. Nos últimos meses, eu andava até recitando a Oração de Jesus — um mantra simples de sete palavras — *Senhor Jesus Cristo tenha misericórdia de mim* —, que eu repetia ao longo do dia. Era uma forma simples de preencher os segundos e minutos de vida diária com Deus e eu a repetia, por exemplo, quando estava indo para o trabalho, parado num sinal vermelho ou esperando na fila do caixa do supermercado, enquanto o turno mudava (o que toda vez acontece comigo). Em vez de enfocar a impaciência que eu poderia estar sentindo durante esses momentos de transição, quando estava me deslocando de um lugar para o outro, eu desviava meu foco para o Divino. Tinha ouvido falar dessa oração anos antes, quando lia *Franny e Zooey*, de J.D. Salinger, mas nos últimos meses eu tinha descoberto que o texto original fora elaborado com base em *The Way of the Pilgrim*, escrito por um monge anônimo russo do século XIX.

Devo ter feito a oração uma centena de vezes antes de sair da cama, caminhar até o corredor e espiar Grace e Eddie no quarto, dormindo profundamente. Fui ao banheiro e, quando me virei para sair, pensei ter visto uma sombra com o canto do olho e depois o cesto de roupa suja, que estava sobre um cesto maior, mexer ligeiramente. Fiquei parado por um momento, olhei em volta do cômodo e respirei fundo. Balancei a cabeça e decidi que precisava começar a fazer essa oração antes de dormir toda noite. Apaguei a luz do banheiro, voltei para o quarto, fui para a cama e, finalmente, adormeci.

Les Halles é um restaurante francês agitado e barulhento, localizado na Park Avenue South, a alguns quarteirões do New York Madison Square Park. Com seu ambiente de madeira escura, porcelana branca, iluminação a lampiões a gás, *maîtres* atraentes, garçons divertidos e uma deliciosa sopa de cebola (uma das melhores que já provei), é um marco gastronômico no lendário Distrito Flatiron da cidade, e que ficou ainda mais famoso nos últimos anos graças ao chef *"bad boy"* e escritor Anthony Bourdain. É também um dos meus lugares favoritos.

No final do verão de 2007, eu estava em Les Halles almoçando com a minha amiga Peggy, uma colega do ramo editorial e alguém que eu conhecia e em quem confiava na época. Havia meses que eu a vira pela última vez e tínhamos muita conversa para pôr em dia. Falamos sobre trabalho e fofocas do ramo editorial, sobre quem fazia o quê e com quem e quais os melhores lançamentos. Ela perguntou sobre a minha vida conjugal e sobre o meu filho. Eu disse que Grace estava grávida, mas não mencionei o aborto, que tínhamos preferido não comentar. Então, não sei por quê, e não entrei em detalhes acerca disso, mencionei as estranhas ocorrências que estavam acontecendo na minha casa, a sensação de estar sendo observado, os sonhos ruins e as sensações estranhas que me acometiam. Eu ainda não tinha contado a Grace sobre toda essa esquisitice. Mesmo que ocasionalmente algumas dessas experiências me perturbassem, eu estava convencido de que era só a minha imaginação pregando peças em mim ou algum tipo de dissonância cognitiva em que meu cérebro associava eventos independentes, embora às vezes de maneira muito assustadora. "Dando sentido ao absurdo", eu dizia a mim mesmo. Mas eu me senti bem contando isso a outra pessoa e, após a minha confissão de meio minuto, Peggy arregalou os olhos e disse, quase alegremente:

— Você tem um fantasma na sua casa!

— Não, eu não tenho — respondi, dando risada.

— Você tem, tem sim. Esses são sinais evidentes da presença de fantasmas.

Peggy e eu nunca tínhamos falado sobre essas coisas. Nossas conversas, no passado, sempre eram agradáveis e interessantes e variavam de política a religião e grandes livros que gostávamos de ler. Mas nunca tínhamos nos aventurado por esse tipo de território.

Eu balancei a cabeça e, brincando, disse a ela que não acreditava, mas minha curiosidade foi maior e perguntei como podia ter tanta certeza.

Ela me contou sobre um livro que seria publicado no outono, chamado *When Ghosts Speaks* [Quando os Fantasmas Falam], de Mary Ann Winkowski, médium que servira de inspiração para a série de TV *Ghost Whisperer*. Mary Ann podia ver e falar com fantasmas ou, como ela dizia, espíritos presos à Terra, almas de pessoas mortas que, por alguma razão, não tinham feito sua transição para o outro mundo.

Eu ouvi Peggy atentamente, enquanto ela me contava sobre essa médium e como ela era capaz de dizer se havia um espírito numa casa apenas falando com o proprietário pelo telefone.

— Ela pode fazer isso por telefone? — interrompi.

— Pode. Ela vai à casa das pessoas para afastar os espíritos, mas mora em Cleveland e pode fazer o mesmo por telefone quando alguém mora em outro estado. Eu não sei como ela faz isso, mas faz e é incrivelmente precisa.

— Então, ela é uma espécie de vidente?

Eu estava levemente intrigado. Embora não confessasse em voz alta, sempre quis conversar com uma vidente, mais por curiosidade do que para ver o que o futuro me reservava. Alguns anos antes, eu tinha lido um livro sobre a *leitura fria*, uma maneira de fazer perguntas gerais que leva uma pessoa a pensar que a gente sabe mais do que sabe de fato, e eu estava curioso para ver se uma vidente usaria as mesmas técnicas. Mas algo me assustava nos videntes e, embora eu nunca criticasse ninguém, estava tentando ser realmente um bom católico na época, e até onde eu sabia os videntes eram um tabu e estavam fora de cogitação.

— Não a chame de vidente! — Peggy riu. — Ela faz algo muito específico. Fala com espíritos presos à Terra, nada mais.

Depois de ter falado com Mary Ann ao telefone uma vez, para tratar da publicação do seu livro, Peggy acreditava que se tratava de uma pessoa idônea e perguntou se eu estaria interessado em falar com ela. Eu disse que estava, mas logo que as palavras saíram da minha boca fiquei com vontade de voltar atrás. Não sei por quê, mas alguma coisa me deixava nervoso com relação à coisa toda. Peggy deve ter sentido minha apreensão, porque disse:

— Mary Ann é uma das pessoas mais simpáticas com quem já conversei. Você nunca diria que ela é alguém que fala com espíritos. Vou lhe dar o telefone e você entra em contato com ela.

Ela me disse que Mary Ann tinha uma lista de espera, mas eu deveria deixar uma mensagem e logo que pudesse ela entraria em contato comigo.

Nossos pratos chegaram e logo depois a conversa voltou a girar em torno do setor editorial. Depois do almoço, Peggy garantiu que ia pegar o número de Mary Ann. Eu sorri, mas desta vez não respondi, e nós nos abraçamos e nos despedimos.

Enquanto eu caminhava de volta para o trabalho, fiquei pensando nas palavras de Peggy. Comecei a pensar em tudo o que tinha acontecido ao longo dos últimos meses e como eu me sentia pouco à vontade com tudo aquilo. Será que tinha sido uma sucessão de coincidências? Stress? Será que poderia realmente haver um fantasma na casa? E se houvesse, o que isso significava? Como eu poderia me livrar dele? Pensei na minha mãe e em algumas das coisas que ela havia dito ao longo dos anos sobre o espírito da mulher que vivia em nossa casa. Pensei na noite em que a luz da igreja se apagou. Pensei nos rangidos e sussurros e nas vezes em que a campainha tocava no meio da noite, quando eu era garoto, e nunca havia ninguém lá fora, e como isso me deixava apavorado. Eram apenas brincadeiras ou tinha algo tentando nos assustar ou chamar a nossa atenção? Eu me peguei associando os acontecimentos que, eu tinha certeza, não estavam relacionados de forma alguma. Ou estavam? Grace tinha caído da escada no início do ano e senti como se tivesse algo atrás dela quando ela caiu.

Ela simplesmente escorregou ou algo a empurrou? Eu estava constantemente perdendo minhas chaves e a carteira — estava apenas sendo muito distraído ou alguém as escondia? As lâmpadas queimavam constantemente, e no andar de baixo a porta do armário da sala de jantar sempre parecia se abrir quando estávamos saindo do cômodo. Lâmpadas ruins ou só impressão? De repente, eu não estava tão certo.

Quando cheguei perto do meu prédio de escritórios na Twenty-sixth Street, agarrei a cabeça com as mãos e a sacudi. Relaxe. *É tudo imaginação sua*, pensei. E por mais idiota que possa parecer, os bordões do *Scooby-Doo* começaram a passar pela minha cabeça: "Fantasmas não existem" e "Sempre existe uma explicação lógica para tudo".

Ainda assim, senti que queria ir à igreja, rezar e falar com Deus sobre tudo isso, mas não havia igrejas nas proximidades, por isso, quando voltei ao escritório, fechei a porta, fiz o sinal da cruz, fechei os olhos e comecei silenciosamente a rezar.

The Cloud of Unknowing é um texto do século XIV escrito por um místico católico inglês desconhecido. Nele, o autor tenta demonstrar como se pode encontrar Deus em meio ao torvelinho de qualquer situação, seja alegre ou perturbadora. Uma forma que ele sugere é encontrar um lugar tranquilo e escolher uma palavra, como *esperança* ou *amor*, e repeti-la para si mesmo, permitindo que o corpo e a mente sejam atraídas para mais perto de Deus, que está sempre presente dentro de você. Isso é basicamente um mantra, como a Oração de Jesus, e quanto mais você o repete para si mesmo mais próximo fica da consciência de Deus. Toda oração é, essencialmente, um instrumento quiroprático para a alma, uma maneira de alinhar as coisas.

Eu estava me sentindo fora de prumo, por isso me sentei no meu escritório e comecei a repetir a palavra *resposta* na minha cabeça. Tudo o que eu queria era uma resposta de Deus. O que estava acontecendo na minha casa? Embora eu não estivesse convencido de que fosse algo sobrenatural, ainda sentia um certo mal-estar com relação a tudo. Talvez estivesse nervoso com a perspectiva de ser pai novamente ou cansado de me levantar cedo todos os dias para rezar e fazer pesquisas. Então, repeti a palavra, várias e várias vezes, e dentro de alguns minutos senti uma grande paz dentro de mim. Eu não tinha recebido nenhuma resposta enquanto rezava, mas, como descobri ao longo dos últimos dez anos, as respostas quase nunca vêm durante a oração. Para mim, elas sempre vêm depois, e quando abri a porta e voltei a trabalhar, tinha certeza de que a resposta iria se revelar.

Durante o resto da tarde, respondi a e-mails, revi algumas submissões e escrevi algumas resenhas, em seguida, fui para casa. Eu estava me sentindo melhor do que depois do almoço e, embora ainda não tivesse a minha resposta nem certeza de como me sentia com relação aos pensamentos que passaram pela minha cabeça no início do dia, fiz o possível para esquecer tudo.

Não tive notícias de Peggy novamente até algumas semanas depois, quando me passou o número telefônico. Anotei-o e coloquei-o na minha carteira. Embora eu ainda estivesse incerto quanto ao que vinha acontecendo ao longo dos últimos meses, de uma coisa eu tinha certeza: De maneira nenhuma eu iria dar aquele telefonema.

Pouco depois do meu encontro com Peggy, a onda de eletricidade em meu corpo voltou com força total e eu comecei a ver regularmente sombras inexplicáveis com o canto do olho. Tentei ignorar essas coisas, tanto quanto possível. Minha incerteza se transformou em aborrecimento, e em vez de sentir medo eu estava achando tudo meio cômico. Se eu estava no quarto de Eddie com ele ou Grace, ou os dois juntos, não sentia nada. Se estivesse lá sozinho, então eu me sentia como o Zé Colmeia coberto de mel, pronto para ser atacado por um enxame de abelhas. Às vezes eu ficava fora do quarto e colocava um pé para dentro, como se eu estivesse mergulhando um dedo do pé num riacho de água fria, apenas para ver se sentiria algo na perna. Eu nunca sentia.

Uma noite, no final de agosto, Grace e eu estávamos dando banho em Eddie. Corri para o quarto para pegar outra toalha e quando passei pela porta esperei que algo acontecesse.

Mas nada aconteceu. Era a primeira vez nas últimas semanas que eu não sentia a onda subir e descer pela minha espinha. Na verdade, fiquei no meio do cômodo por alguns segundos esperando, até que Grace me chamou e perguntou por que eu estava demorando tanto. Saí do quarto, troquei de lugar com ela e comecei a lavar o cabelo de Eddie. Acabei o banho, o envolvi numa toalha e o levei pelo corredor até seu quarto.

Quando nos aproximamos da porta, Eddie começou a se contorcer nos meus braços a tal ponto que eu tive de colocá-lo no chão. Ele deslizou dos meus braços e, com os pés molhados, quase escorregou no chão. Eu me curvei para pegá-lo e ele gritava que não queria entrar no seu quarto. Eu não consegui pegá-lo. Ele se esgueirava de mim como um peixe, e então seu corpo enrijeceu. Ele arqueou as costas e o pescoço e parecia pesar cem quilos.

Agarrei-o pelos braços e pude senti-lo escorregar por entre as minhas mãos. Eu estava com medo de derrubá-lo. Coloquei-o no chão e gritei:

— Você vai se machucar!

Ele me empurrou e repetiu que não queria ir para o seu quarto, se afastou de mim e correu para Grace, abraçando as pernas dela quando saiu do nosso quarto.

Ela o pegou no colo.

— O que foi? — perguntou.

Eu não sabia o que responder. Eddie estava tremendo em seus braços e eu não sabia se era porque tinha acabado de sair do banho ou por outra razão. Entrei no quarto dele e senti a eletricidade transpassar todo o meu corpo. Tentei dispersar a sensação me sacudindo, ao atravessar o cômodo. Apaguei a luz, fiquei na escuridão por um momento e olhou em volta, esperando algo saltar de um canto ou agarrar minha perna de debaixo da cama. Nada aconteceu. Voltei a cruzar o quarto e fechei a porta. Grace estava em pé no corredor abraçando Eddie, que tinha se enrolado em torno dela como um cobertor.

— Eddie vai dormir conosco esta noite — eu disse.

— Ah, meu Deus — disse Grace. Havia medo em seu rosto.

— O que foi? Tem um rato no quarto?

— Não, não é um rato.

— É uma ratazana? Tenho ouvido uns barulhos estranhos no sótão.

— Não, não é uma ratazana.

— Então o que é?

— Grace, precisamos conversar sobre uma coisa.

Capítulo 4

Depois que colocamos Eddie para dormir no nosso quarto, Grace e eu descemos as escadas e sentamo-nos perto do janelão. Eu olhei para fora e pude ver a luz acesa no campanário da igreja e a cruz mais acima. Contei a ela tudo o que tinha me acontecido ao longo dos últimos meses: as sensações estranhas no quarto de Eddie, as sombras inexplicáveis, os sonhos assustadores, os brinquedos que começavam a funcionar no meio da noite. Contei a ela sobre a minha conversa com Peggy. Admitir tudo me pareceu insano, pois eu provavelmente estava apenas associando acontecimentos não relacionados, mas de fato tudo era muito estranho. E agora com a explosão de Eddie...

Ela ficou ali sentada, tranquila e em silêncio, enquanto eu falava sem parar, mas à medida que eu continuava falando eu a vi franzir a testa e estreitar os olhos. Quando acabei, apenas ficamos ali em silêncio. Eu pensei: *Bem, é isso, ela acha que sou louco. Vai pegar Eddie e eu nunca mais vou vê-los novamente.*

Grace balançou a cabeça e me olhou nos olhos.

— Coisas estranhas têm acontecido comigo também.

Então ela passou a me contar que sentia como se estivesse sendo observada quando estava em casa com Eddie durante o dia. Não por alguém de fora da casa, mas por alguém de dentro. Mas nunca havia ninguém lá. Ela ouvia sons nas escadas e outros no sótão, mas fingia que não era nada. A casa, segundo ela, sempre fazia barulho. Só que agora eram barulhos mais altos do que o habitual. E ela tinha visto sombras escuras com o canto dos olhos também, mas pensava que se tratava apenas de ilusão de ótica. Ela tinha que admitir, porém, que um incidente algumas semanas antes a tinha deixado assustada.

Havia uma pequena lavanderia ao lado da cozinha, com uma máquina de lavar e secar roupa e uma porta que levava ao quintal. Ela servia como uma base temporária para deixar qualquer coisa que fosse preciso guardar no sótão, nos armários ou em prateleiras, uma espécie de purgatório para as coisas da casa. Não era incomum que houvesse ali pilhas de livros, equipamentos esportivos ou brinquedos empilhados à espera de serem devolvidos ao seu devido lugar.

Com exceção do *hall* da escada, tínhamos parado de usar portinholas de segurança depois que Eddie fez 3 anos. Mesmo que não bloqueássemos a sua passagem, Eddie sabia que a lavanderia era território proibido. Ocasionalmente, no entanto, ele dava uma espiada lá e via algo que despertava seu interesse, como uma meia suja ou uma caixa que precisava ser reciclada.

Uma tarde, Grace estava lavando a louça na cozinha enquanto nosso filho brincava com seus brinquedos na sala de estar. A TV estava ligada num volume baixo, e num dado momento ela ouviu Eddie atrás dela. Virando-se, ela o viu passar como um dardo para a lavanderia. Irritada, fechou a torneira com as mãos molhadas e foi atrás dele, com medo de que se machucasse. Quando entrou no cômodo, ela viu que ele não estava lá. Ela olhou ao redor, voltou para a cozinha e entrou na sala de estar. Então viu Eddie sentado no chão, brincando tranquilamente com um dinossauro, como se tivesse ficado ali durante todo o dia. Ela tinha certeza de ter visto algo, mas se convenceu de que eram apenas seus olhos lhe pregando uma peça.

Tinham ocorrido outras coisas também. Poucos dias depois do episódio na cozinha, ela estava no banheiro trocando as toalhas quando viu algo se mexer perto da cortina do box. Ela se aproximou, pensando que fosse uma mariposa grande, puxou a cortina para o lado, mas não viu nada. Em outras ocasiões, notou que um dos bichos de pelúcia de Eddie tinha começado a falar, mas, como com o Caco o Sapo, ela não deu muita atenção. Disse que nada disso a assustava, embora ela achasse tudo muito estranho. E como eu, ela não disse nada. Todos esses pareciam acontecimentos sem importância.

Ela me perguntou se eu achava que estava tudo relacionado e eu disse que não sabia.

— Talvez seja o meu pai — disse ela.

Desde que ele havia falecido, Grace acredita que o pai tinha se tornado seu anjo da guarda. De tempos em tempos, ela sentia a presença dele e podia sentir o cheiro do cigarro que ele fumava quando vivo. Ela admitiu que milhões de pessoas fumavam Parliaments, mas o estranho era que ela muitas vezes sentia o cheiro na nossa casa, onde nenhum de nós fumava. Grace não acreditava em fantasmas. Ela, no entanto, acreditava no pai, em quem confiava mais do que em qualquer outra pessoa. Sabia que ele a protegia e também sua família, fosse nesta vida ou na vida após a morte.

Mas ela rapidamente descartou o que disse. O que andava sentindo na nossa casa não tinha nada a ver com o pai. Na verdade, disse ela, não tinha nada a ver com coisa nenhuma.

Eu comentei o que tinha acabado de acontecer com Eddie depois do banho, o fato de ele ter se recusado a entrar em seu quarto e perguntei se ela não achava aquilo muito esquisito.

— Isso é algo que qualquer criança de 3 anos faz. Não quer dormir sozinha. Eu não o culpo — ela disse. — O escuro pode ser assustador para uma criança pequena.

Ela olhou para mim, esperando uma resposta, mas eu não disse nada. Depois de alguns momentos respondeu ao meu silêncio, dizendo:

— Não é nada. Acho que é tudo uma simples coincidência. Tem sido um período estressante. Pense em todas as vezes que aconteceram coisas que não foram estranhas. A maior parte da nossa vida é assim. Acho que você está apenas interpretando as coisas a seu modo.

Eu pensei sobre o que ela disse e rapidamente recapitulei mentalmente os eventos dos últimos meses. Tentei me convencer de que ela estava certa, que eu estava vendo coisas onde não havia nada. Talvez tudo fosse apenas coincidência. Mas, desde que eu começara a pesquisar sobre Santo Inácio e outros grandes místicos cristãos, tinha começado a acreditar, como eles, que tudo estava interligado. Por muito tempo, eu tinha entendido isso intelectualmente. Embora não fosse nenhum cientista, para mim tudo isso fazia mais sentido quando eu pensava na Teoria do Big Bang.

Foi Georges Lemaître, um padre católico belga, que em 1931 propôs pela primeira vez, à British Science Association, a teoria de que a criação do universo começou com um grande evento cosmológico, uma explosão que se originou num ponto denso e quente. Essa "explosão do ovo cósmico", como ele a chamou, basicamente cuspiu matéria para todo o universo, causando o desenvolvimento de estrelas, sóis, luas, planetas, animais e pessoas. Se todas as coisas se originaram de um ponto, isso significa que todas as coisas hoje podem traçar sua ascendência de volta até aquele momento único. Isso significava que fisicamente nós e as estrelas somos feitos da mesma matéria e que, independentemente de onde nós, seres humanos, viemos — se da África ou do México — ou quem sejam nossos pais, todos temos o mesmo sangue correndo nas veias, mesmo que eu seja O negativo e outra pessoa seja A positivo.

Agora algo estava se agitando dentro de mim e eu começava a superar a ideia quase clichê de que, no sentido físico, estamos todos conectados, para vê-la também, pela primeira vez, no contexto espiritual. Embora ainda não estivesse claro o que aquilo era exatamente, eu podia sentir alguma coisa borbulhando dentro de mim. Talvez estivesse interpretando as coisas ao meu modo, como disse Grace. Ou talvez, apenas talvez, Deus estivesse tentando me dizer alguma coisa.

Tudo isso começou a se agitar dentro da minha cabeça enquanto eu estava sentado ali com Grace, até que eu finalmente disse a ela:

— Você provavelmente está certa, mas e se nós *devemos* de fato interpretar o que está acontecendo?

PARTE II

Refletindo sobre os espíritos

Existem duas verdades que as pessoas de hoje se esqueceram quase
completamente. A primeira é que o ser humano é um ser caído,
o que significa que um dia possuiu certos poderes espirituais que
agora só existem em estado precário; esses dons, portanto, só
podem se tornar efetivos sob certas condições excepcionais, e
mesmo assim, apenas de forma imperfeita. A segunda verdade é que,
embora esteja ligada ao corpo, a alma é um espírito que às vezes
pode "afrouxar" essa conexão e ser capaz, assim, de conseguir
coisas que normalmente seria impossível.

— *Padre Alois Weisinger*

Capítulo 5

Em setembro de 2007, matriculei-me no Instituto de Formação Pastoral (PFI), através da Diocese de Rockville Centre. O PFI era um programa de três anos destinado a leigos católicos que queriam buscar uma vocação dentro da Igreja e estudar a Bíblia, espiritualidade cristã, história da Igreja e sexualidade humana, para citar apenas alguns temas. Durante anos, eu tinha pensado em me tornar diácono, um ministro que assiste aos sacerdotes na pregação e na administração dos sacramentos. Eu tinha orado e pensado sobre isso por um longo período, mas ainda não tinha certeza se seria bom para a minha personalidade. O trabalho de um diácono é ficar à disposição do bispo — um trabalho digno, mas que a meu ver poderia ser um problema para mim, visto que eu sempre tive dificuldade com autoridades.

No entanto, depois de conversar com alguns amigos padres e com um conselheiro espiritual, decidi que esse programa poderia me fazer bem e dar uma estrutura à minha busca religiosa.

Aquele outono tinha sido um período tumultuado. O ramo editorial sempre foi um pouco frenético nos meses que antecedem o Natal, e aquele ano não foi exceção. Grace estava no segundo trimestre da gravidez e um pouco preocupada, depois do que tinha acontecido no início do ano. Eddie, que estava prestes a completar 4 anos, ainda era um garotinho indisciplinado, um núcleo de um metro de altura com um suprimento inesgotável de energia. Acrescente a isso uma escola mista, que eu fazia à noite, e o livro que eu estava pesquisando e escrevendo e havia pouco tempo para qualquer outra coisa.

No entanto, depois da minha conversa com Grace sobre as coisas inexplicáveis que aconteciam na nossa casa, passei a precisar de respostas, não necessariamente sobre os incidentes em si (embora também sobre eles), mas sobre o que tudo aquilo significava para mim espiritualmente. Visto que Deus criou todas as coisas, então todas as coisas tinham um componente espiritual, fosse grande ou pequeno. Grace estava convencida de que aquilo não era nada e ela podia estar certa, mas o fato de que vínhamos sentindo coisas semelhantes no mesmo período era suficiente para me abalar. Fiquei pensando sobre o que Peggy tinha dito sobre a nossa casa ter um fantasma. No fundo, eu acho que sempre acreditei nisso também, mas tinha medo de formular esse pensamento em voz alta. Eu me via ruminando perguntas quase a noite inteira, como se fosse um garotinho. Seriam fantasmas e espíritos reais e, em caso afirmativo, o que a minha religião tinha a dizer sobre isso? Será que o catolicismo incluía até mesmo a crença em fantasmas? Eu achava que não, mas na verdade não sabia com certeza.

Durante toda a minha vida, em todas as minhas leituras, em todos os retiros espirituais de que participei, nunca ouvi ninguém nem ao menos mencionar a palavra *fantasma*, exceto como um termo arcaico para o Espírito Santo[*]. Se a Igreja acreditava que os fantasmas existiam, por que raramente se discutia sobre essas coisas? E se havia realmente um fantasma na casa, seria um fantasma bom ou ruim? Seria um anjo ou um demônio? O que era um demônio? A Bíblia falava sobre pessoas possuídas por demônios, mas sempre pensei que se tratava apenas de um antigo diagnóstico equivocado de epilepsia ou algum tipo de distúrbio de personalidade múltipla. Qual a

---

[*] Em inglês, *Holly Ghost*. (N. da T.)

aparência dos demônios? O que eles faziam? Eu tinha ouvido falar de exorcismos e que a maioria das pessoas tinha se assustado com o filme *O Exorcista*. Eu tinha até mesmo lido um livro para o trabalho, escrito por Malachi Martin, chamado *Hostage to the Devil*. Publicado na década de 1970, esse livro é supostamente um relato verídico de exorcismos do século XX, mas parece mais ficção do que uma história real. Será que nada disso era real? Será que um fantasma poderia ser um demônio ou um diabo?

Eu tinha feito amizade com algumas pessoas do PFI que nunca falavam sobre fantasmas, mas falavam sobre o "inimigo", o diabo, em outros termos, como se ele fosse uma pessoa viva. Elas diziam que, quanto mais perto chegamos de Deus, mais o diabo vem tentar nos seduzir. Será que a minha pesquisa para um livro sobre a oração estava atraindo algumas forças demoníacas que tentavam me desviar do meu projeto?

Todas essas perguntas pareciam tão supersticiosas e medievais para mim que eu podia ver por que a Igreja procurava abafar essas coisas. Era muito fácil, com um pouco de imaginação, se deixar levar por pensamentos e imagens assustadoras e perder de vista o divino.

Minha curiosidade, entretanto, tinha sido despertada, para dizer o mínimo.

Eu não sabia se estava prestes a sucumbir à mesma curiosidade que matou o gato, mas algo borbulhava em mim e eu precisava descobrir o que era. Percebi que nos últimos seis meses, com exceção daquela vez no meu escritório, após o meu almoço com Peggy, eu não tinha mais orado sobre o que estava acontecendo. Então fiz exatamente isso, eu orei, mas também procurei usar o meu discernimento.

Discernimento é uma palavra sofisticada para um processo de tomada de decisão, e uma das mais usadas por Santo Inácio. Em poucas palavras, uma pessoa precisa usar o discernimento espiritual quando chega a uma espécie de encruzilhada. Devo aceitar este novo trabalho ou ficar no antigo? Devo me casar ou ficar solteiro? Devo ajudar alguém que me prejudicou muitas vezes ou não? Fazemos a pergunta a Deus, oramos e então ouvimos. Às vezes, o ato de ouvir leva muito tempo, às vezes não. Se recebemos uma resposta e sentimos paz, então é a coisa certa a fazer. Se não, continuamos orando.

Santo Inácio também acreditava que, quando usamos o discernimento, precisamos perceber a que estamos resistindo em nossa vida. Se, por exemplo, alguém nos maltratou e guardamos rancor e somos incapazes de perdoar essa pessoa, Inácio nos incentiva a nos conscientizar da origem dessa resistência. É o nosso ego ferido? O nosso medo? Nossa necessidade de vingança? Seja qual for a razão, é um sinal de que algo está em desequilíbrio e precisamos de oração, orientação e assistência para nos ajudar a chegar a um lugar onde não existe resistência, só perdão. Basicamente, uma chave que abre a porta que leva ao crescimento espiritual pode ser encontrada naquilo que rejeitamos. (Isso, naturalmente, pressupõe que o que estamos rejeitando seja contrário à regra de ouro — amar a Deus e amar o próximo como a ti mesmo. Se alguém lhe diz para matar outra pessoa e você resiste, bem, isso é bom, porque não se deve matar ninguém. Isso é óbvio.)

Durante meses eu tinha resistido à sensação de que estava lidando com algo sobrenatural. Pensei em como resisti quando Peggy sugeriu que poderia haver um fantasma na minha casa e depois novamente quando Grace sugeriu que não havia. Por que eu estava resistindo tanto à crença quanto à descrença?

Devo admitir que ambas as ideias, de certo modo, me assustavam. Eu vinha tentando ignorar uma série de sentimentos ao longo dos últimos meses, mas agora queria tomar uma atitude. Mas o que fazer? Eu não fazia ideia, na verdade. Não estava pronto para telefonar para o número que Peggy tinha me dado e não estava pronto para conversar com ninguém sobre isso também. Então eu apresentei o assunto a Deus. Orei e pedi orientação sobre o que fazer.

E não recebi resposta.

Rezei durante uma semana e nada. Coisas estranhas continuavam acontecendo na minha casa. Eu continuava a ver sombras com o canto dos olhos. Os brinquedos de Ed continuavam a ligar por conta própria. Eu não fazia ideia de que tínhamos tantos carros e animais de pelúcia que faziam barulho!

REFLETINDO SOBRE OS ESPÍRITOS

Trocamos as pilhas de alguns e o fenômeno continuava acontecendo. E então, uma noite, enquanto Grace e eu estávamos assistindo à TV, ouvimos o que parecia ser uma vidraça quebrando bem no meio da sala, como se alguém estivesse em pé na nossa frente com um painel de vidro e o golpeasse com um martelo. Grace levou um susto. Eu pulei do sofá e corri para fora, pensando que alguém tivesse tentado quebrar uma das nossas janelas, mas não havia ninguém por perto. Procurei por toda a casa, dentro e fora, e não encontrei nada. Nenhum vidro quebrado. Foi só no dia seguinte que me lembrei de que isso costumava acontecer na nossa casa quando eu era criança. Como eu costumava jogar bola pela casa (eu sei, era idiotice), às vezes meu pai pensava que eu era responsável, mas depois de inspecionar tudo ele nunca encontrava nem mesmo um caco de vidro.

A essa altura, eu já estava esgotado e, embora o processo de discernimento aparentemente não tivesse funcionado para mim, eu tinha tomado a decisão de finalmente fazer alguma coisa. Gostaria de poder dizer que foi algo dramático, mas a primeira coisa que fiz foi o que as pessoas fissuradas em livros fazem quando querem uma resposta: ler.

Como eu trabalhava com livros havia mais de dez anos, conhecia superficialmente alguns que tratavam do grande debate sobre os fantasmas — os espíritos e fantasmas eram reais ou só histórias para assustar criancinhas? De um lado estavam os racionalistas, que acreditavam numa visão muito moderna de que só é real no mundo aquilo que pode ser visto e tocado e examinado pela ciência. Se a ciência não podia provar, ou pelo menos oferecer uma teoria razoavelmente lógica e decente, então era um disparate. Do outro lado, havia os crentes, inflexíveis na sua opinião de que existe um mundo espiritual, independentemente da falta de evidências físicas ou das previsões, em sua maior parte imprecisas, ou observações óbvias de médiuns ou videntes. Embora eu tenha acabado por ler ambos os tipos de livros e argumentos ao longo de vários meses, estava mais interessado em saber o que a Igreja Católica tinha a dizer sobre tudo aquilo, se ela de fato tinha algo a dizer. Então comecei minha busca pelo ponto de referência que usei várias vezes ao longo dos anos, quando estava procurando respostas para as perguntas relacionadas à minha fé. Não, não estou me referindo à Bíblia, mas a John Hardon.

John Hardon era um padre jesuíta que estudou filosofia na Universidade Loyola e teologia na Universidade Gregoriana, em Roma. Ele deu aulas durante alguns anos na St. John University, no Queens. Era um homem brilhante, devoto, fiel e equilibrado, que escreveu uma série de obras inteligentes e acessíveis sobre teologia católica, incluindo *The Catholic Catechism,* em 1975*, que foi o primeiro livro a apresentar todos os ensinamentos da Igreja em um único volume. Ele também foi o autor do *Modern Catholic Dictionary*. Esses dois livros me ensinaram mais sobre os fundamentos da minha fé do que qualquer outro, e Hardon se tornou minha maior referência sempre que eu precisava de informações. Embora não fosse o porta-voz oficial da Igreja Católica, ele ficou muito próximo disso. Se houvesse algum ensinamento católico sobre fantasmas, Hardon saberia.

A essa altura já estávamos no início de outubro e Eddie se tornou uma visita permanente em nossa cama. Grace, que ainda não acreditava que nada de estranho estava acontecendo, já havia tentado algumas vezes fazê-lo regressar ao seu quarto. Mas ele estava inflexível. Grace foi ficando cada vez mais cansada à medida que a gestação evoluía e se recusou a insistir no assunto. Por mim tudo bem. Eu tinha me convencido de que havia *algo* na casa e que o quarto de Eddie era uma espécie de foco dos fenômenos, mas não fiz objeção. Ainda assim, vacilava entre a crença e a descrença. Embora eu tivesse prometido a mim mesmo que iria começar a minha investigação pessoal a respeito do sobrenatural, passou-se uma semana antes que eu pesquisasse o que Hardon dizia sobre fantasmas.

Numa noite quente e com ventania, depois que Grace e Eddie foram dormir, eu me levantei da cama e fui até o sótão, onde estava a maior parte dos meus livros. Tentei ser o mais silencioso possível, mas cada passo que eu dava parecia ecoar por todo o cômodo. O sótão, tal como o porão, nunca

---

* Ele foi considerado ultrapassado pelo Catecismo oficial da Igreja Católica, divulgado pelo Vaticano em 1992. John Hardon atuou como consultor nessa versão. Seus livros, no entanto, ainda são respeitados e procurados hoje pela sua qualidade literária.

tinha sido a minha parte favorita da casa, provavelmente porque o seu teto baixo e suas paredes de tijolos aparentes faziam com que eu me sentisse claustrofóbico. Abri a porta que levava às escadas, fechei-a atrás de mim e subi os degraus. Mudei de lugar algumas caixas de roupas de verão que Grace tinha recentemente guardado ali e fui até a estante onde estavam os meus livros sobre a Igreja Católica. Logo encontrei o dicionário de Hardon.

Quando peguei o livro da estante, uma ponta de dúvida surgiu na minha cabeça. Qualquer coisa que fosse de alguma importância para a Igreja Católica podia ser encontrada naquele livro — desde a definição de *ad majorem Dei gloriam* ("para a maior glória de Deus", em latim) até a explicação de quem era Sofonias (autor do nono livro dos profetas menores) — e eu estava certo naquele momento de que nada do que vinha acontecendo dentro da minha cabeça era importante. Sentei-me no chão e, quando comecei a folhear o livro, tive certeza de que não haveria uma definição de *fantasma*.

Ouvi algo se movendo lá embaixo e parei para ouvir, mas logo tudo ficou em silêncio. Achei que poderia ter feito muito barulho ao mover as caixas e tivesse acordado Grace ou Eddie. Esperei alguns instantes e, como não ouvi mais nada, concentrei minha atenção no dicionário, na letra F, e comecei a correr o dedo pela página; como eu suspeitava, não havia o verbete *Fantasma*. Eu senti uma mistura de alívio e decepção e sabia muito bem o que fazer a seguir. Se Hardon não tinha nada a dizer sobre o assunto provavelmente não valia a pena estudá-lo. Fechei o livro e, quando estava prestes a deixá-lo de lado, algo me fez abrir o livro novamente. Eu fiz isso; voltei à letra F e não sei como deixei de ver da primeira vez, mas na parte inferior da página 229, estava escrito:

Fantasma. Espírito desencarnado. O cristianismo acredita que Deus pode permitir, e às vezes permite, que uma alma que partiu apareça de alguma forma visível para as pessoas na Terra. Levando em conta lendas e ilusões, há provas autênticas suficientes, por exemplo, na vida dos santos, para indicar que tais aparições ocorrem. Sua finalidade pode ser a de ensinar, ou advertir, ou solicitar algum favor dos vivos.

— *Fala sério!* — eu disse para mim mesmo.

Será que isso realmente significa que a Igreja de fato acreditava na existência de fantasmas? Droga!, se Hardon tinha dito, aquilo era o suficiente para mim. Eu rapidamente folheei o livro, procurando palavras como *assombração* e *poltergeist*, mas não encontrei nenhuma delas. Entretanto, encontrei os verbetes *anjos* e *demônios*. Para minha surpresa, parecia que a Igreja não considerava esses seres conceitos literários, metáforas ou resquícios de uma era supersticiosa, mas presenças vivas — e muito poderosas — do nosso mundo de hoje.

Ao criar o mundo, Deus criou os anjos. Eles eram diferentes dos seres humanos, pois eram inteligência pura e invisível, sem nenhum corpo. Mas eles tinham de fato uma coisa em comum com a humanidade: o livre-arbítrio. Tinham a capacidade de decidir se queriam ficar com Deus ou se rebelar. Os anjos ficaram com Deus; aqueles que não ficaram, pelo seu ato de rebeldia, tornaram-se demônios. Ambos poderiam ter, e têm, influência sobre a humanidade.

Eu continuei folheando o livro e encontrei definições de telepatia e clarividência, a capacidade de ler mentes; levitação; bilocação, a capacidade de estar em dois lugares ao mesmo tempo, algo muito parecido com a crença xamânica e da Nova Era de projeção astral; estigmas, que consistem em marcas ou feridas como as de Jesus. A Igreja não negava a existência de qualquer uma dessas coisas, mas as via como ocorrências muito reais. Às vezes, elas eram sinais de influência angélica e, às vezes, sinais de atividade demoníaca; discernir de que caso se tratava era um dom muito real do Espírito Santo.

À medida que eu continuava lendo, meus braços ficaram arrepiados e eu senti um calafrio nas costas. Percebi que aquela sensação era muito diferente da que eu tinha sentido no quarto de Eddie ao longo dos últimos meses. Eu continuei virando as páginas — havia definições de arcanjos, anjos da guarda, Satanás, Lúcifer —, ouvindo o tempo todo movimentos fracos no andar de baixo, que tentei ignorar até que a porta fez um clique, como se abrisse.

— Grace? — chamei.

Mas não houve resposta.

Fechei o livro e fui até as escadas. Olhei para baixo e vi que a porta do sótão estava entreaberta. Eu só olhei para ela por alguns instantes e depois sussurrei o nome de Grace de novo, mas não ouvi nenhuma resposta. Desci as escadas, desliguei a luz, fechei a porta silenciosamente e fiquei parado,

REFLETINDO SOBRE OS ESPÍRITOS

tentando ouvir algum barulho. Será que não tinha fechado completamente a porta atrás de mim ao entrar? Será que o vento tinha passado pelas frestas e aberto a porta? Coisas como aquela, uma porta se abrindo por conta própria, já tinham acontecido algumas vezes na nossa casa, durante uma tempestade, por exemplo, mas por que agora? Por que aquela noite? Será que algo a tinha aberto?

A porta do quarto de Eddie, que ficava ao pé da escada, estava aberta. Dentro, estava escuro e silencioso, e eu pude ver os ângulos agudos da cama, o armário e os brinquedos. Olhei lá dentro e senti que algo estava me observando.

Num momento de rebeldia, olhei para trás e sussurrei:

— Estou de olho em você. Pode levar algum tempo, mas vou te pegar.

Voltei para o meu quarto, onde Grace e Eddie estavam dormindo. Depois de colocar o livro de Hardon sobre a cômoda, fiquei deitado na cama, repassando mentalmente suas palavras. *Sua finalidade pode ser a de ensinar, ou advertir, ou solicitar algum favor dos vivos.*

Mas qual das três opções seria a certa no meu caso?

Capítulo 6

Em 2 de abril de 1839, um jovem seminarista católico chamado João Bosco sentou-se no banco de uma igreja e lamentou a morte de seu querido amigo Louis Comollo. Seis anos antes, os dois haviam se conhecido durante o último ano de Bosco na escola secundária, em Piemonte, província montanhosa ao norte da Itália. Eles foram para o seminário juntos, em Chieri, um importante centro têxtil a cerca de onze quilômetros de Turim, que já estivera sob o domínio de Napoleão Bonaparte no final do século XVIII. Eram muito amigos e complementavam as disposições um do outro. Comollo sempre fora tranquilo, frágil e devoto; Bosco, por outro lado, embora fosse um jovem sensível e consciencioso por natureza, também era espirituoso, afetuoso e sociável. Bosco tinha crescido na pobreza, mas desde os 9 anos de idade acreditava que estava numa missão em nome de Deus. Ele teve o seu primeiro sonho profético nessa idade, quando uma visão, possivelmente de Jesus, lhe disse que era com caridade e mansidão que ele deveria unir as pessoas. Os sonhos continuaram pelo resto de sua vida.

Embora dedicado a Deus, ele não estava livre das dúvidas, e a morte do amigo foi um golpe doloroso para o jovem estudante, cujo pai tinha morrido quando ele tinha 2 anos de idade.

Enquanto frequentavam a escola juntos, Bosco e Comollo foram cativados pela vida dos santos, e um dia fizeram um pacto. Depois de ler sobre as façanhas de homens como São João, o profeta; São Francisco e Santo Antônio, o eremita do deserto atormentado por demônios, eles concordaram que quem morresse primeiro traria uma mensagem para o amigo da vida após a morte. Certamente, na época em que fizeram o pacto pensavam que teriam anos pela frente antes de qualquer um dos dois morresse.

Esse acordo ressoou nos ouvidos de Bosco como os sinos da igreja que tocaram pela cidade naquela manhã. Sentou-se na igreja e olhou em volta, em busca de um sinal de seu amigo — uma luz, uma visão, um movimento brusco, qualquer coisa. Ele ouviu atentamente as palavras do rito fúnebre e os sons à sua volta. Nada. Mas Bosco foi paciente e prometeu manter vigília, à espera do cumprimento do acordo. As palavras de um antigo sonho certamente passaram pela cabeça dele: "O que parece impossível deve ser alcançado por meio da obediência". Ele seria obediente e paciente. Esperaria o tempo que fosse preciso por um sinal.

Bosco não precisou esperar muito tempo. Na noite seguinte, foi para o seu dormitório, um cômodo grande que abrigava vinte outros seminaristas, e preparou-se para dormir. Os últimos dias tinham sido difíceis e a morte de Louis Comollo ainda doía em seu peito. Ele deitou-se na cama e, enquanto seus companheiros de quarto caíam no sono, Bosco rezou. Em sua oração, pediu para ouvir o amigo, para ouvir uma palavra dos céus, para confirmar que estava no caminho certo e que seus sonhos não eram devaneios, mas mensagens diretas do Todo-Poderoso. Ele estava ali deitado na cama, esperando, quando um sinal, que documentou num dos muitos livros que escreveu durante a vida, lhe foi concedido.

Ao bater a meia-noite, ouviu-se um grande estrondo no final do corredor. O barulho tornava-se mais alto e profundo à medida que se aproximava. Era como o som de uma grande carruagem, ou de um trem, ou mesmo de artilharia. Eu não sei como descrever o som de forma adequada, exceto dizendo que era uma mistura de sons palpitantes e violentos a ponto de deixar o ouvinte totalmente aterrorizado e perplexo demais para emitir qualquer som.

Conforme o estrondo se aproximava, ele fazia o teto, as paredes e chão do corredor vibrarem como lâminas metálicas golpeadas pela mão de um poderoso gigante. No entanto, o som se aproximou tanto que era muito difícil identificar o quanto estava perto, assim como é difícil dizer onde uma locomotiva está pelo rastro de vapor.

Todos os seminaristas no dormitório acordaram, mas ninguém falou nada. Eu estava paralisado de medo. O barulho chegava cada vez mais perto e ficava cada vez mais assustador. Chegando ao dormitório, a porta escancarou-se sozinha. O rugido ficou mais alto, mas não havia nada para ver, exceto uma luz multicolorida fantasmagórica que parecia controlar o som. De repente houve silêncio, a luz intensificou-se e a voz de Comollo foi claramente ouvida:

— Bosco, Bosco, Bosco, estou salvo.

Naquele momento, o dormitório ficou ainda mais brilhante. O ruído irrompeu novamente, muito mais longo e alto do que antes. Era como um trovão, tão violento que o prédio parecia prestes a ruir, então de repente ele cessou e a luz desapareceu.

Bosco, que viria a fundar a Sociedade de São Francisco de Sales em 1859 e foi canonizado em 1934, tinha recebido, enfim, a sua resposta.

Eu nunca ouvira uma história como essa, quando frequentava a escola católica. Se tivesse, teria prestado mais atenção. E eu certamente não estava ouvindo histórias como essa nas minhas aulas de teologia no outono de 2007, mas um amigo meu me emprestou seu livro sobre os santos, e então eu, como João Bosco, comecei a ler sobre a vida deles. Embora não tivesse feito nenhum pacto com meu amigo sobre um de nós voltar e transmitir uma mensagem celestial, fiquei encantado com essas histórias de fé, amor e caridade.

Um novo horizonte do catolicismo se abriu diante de mim. Ali estavam milhares de santos de todas as esferas da vida e de todas as partes do mundo que tinham vivido vidas extraordinárias de devoção. Embora eu os conhecesse, nunca tinha pensado muito sobre eles. Claro, havia estátuas de São Francisco, São Judas e São José em nossa casa, mas tudo o que eu podia dizer era que um gostava de proteger as criaturas da floresta, o outro gostava de ajudar as causas perdidas e o último era o pai adotivo de Jesus.

Mas esse livro incluía Santa Isabel da Hungria, uma rainha que renunciou a tudo para servir aos pobres; Santa Clara, que na Idade Média ajudou a defender seu convento e o povo de Assis dos invasores; Santo Antônio, o eremita que dedicou toda a sua vida à oração a Deus. Suas histórias de paixão foram inspiradoras e eu me senti culpado por ter ignorado toda uma esfera da minha fé, tão diversificada e interessante. Mas o que eu achei mais fascinante foram os acontecimentos sobrenaturais que envolveram alguns dos santos. Eu tinha ouvido falar sobre os estigmas de Francisco, que sofreu as chagas de Cristo, mas, verdade seja dita, sempre achei que ele próprio tinha provocado as feridas com um charuto e um maçarico de estilo medieval. Mas eu não fazia ideia de que Thérèse de Lisieux tinha enfrentado demônios ou que Teresa de Ávila, Catarina de Siena e mesmo Santo Inácio eram conhecidos por levitar enquanto rezavam, elevando-se desde a uma altura de alguns centímetros até mais de um metro do chão. Isso já é muito surpreendente, mas Santo Afonso de Ligório superou a todos.

Em 1745, o padre italiano estava pregando durante a missa quando um raio de luz de uma imagem da Virgem Maria brilhou sobre ele e levantou-o do chão, na frente de toda a congregação. Vinte e nove anos mais tarde, ele iria passar por uma experiência de bilocação, ou estar em dois lugares ao mesmo tempo, enquanto orava. Enquanto estava na igreja, ele apareceu a uma longa distância — o equivalente a uma caminhada de quatro horas — e sentou-se à cabeceira do Papa Clemente XIV, à beira da morte, auxiliando-o a fazer a transição para a próxima vida. Relatos de que ele tinha sido visto em dois lugares diferentes ao mesmo tempo logo se espalharam e, embora não houvesse explicação lógica, todos viram isso como um sinal não só de sua santidade, mas também do incrível poder de Deus.

Como eu tinha descoberto, João Bosco teve um encontro com um fantasma e, durante quase toda a sua vida, teve sonhos proféticos; João do Egito, do século IV, era um clarividente; São João da Cruz, São Jerônimo,

Santa Clara de Assis e Santa Bernadete testemunharam aparições e tiveram visões de Jesus, Maria ou do futuro. Muitos livros contam histórias de incríveis façanhas e audazes resgates. De certo modo, eu me sentia como uma criança presa à leitura de histórias em quadrinhos de super-heróis como Super-Homem, Batman, Mulher Maravilha e Lanterna Verde.

Certamente, algumas dessas histórias eram hagiografias e lendas. Ou será que não? Jesus disse que, se tivermos uma fé do tamanho de um pequenino grão de mostarda, poderemos mover montanhas.

Pedro andou sobre as águas até que percebeu o que estava fazendo e duvidou. A dúvida, de muitas maneiras, nos define no mundo moderno. Se uma pessoa de posses adota várias crianças, não vemos isso como uma ação humanitária, mas como um ato de egoísmo, pois achamos que ela foi motivada pelo desejo de ter uma família grande ou de curar algumas feridas do passado, provocadas pela infância longe dos pais. Existem relativamente poucos heróis públicos no mundo de hoje, porque a mídia está constantemente encontrando maneiras de denegrir as pessoas. Certamente, o ceticismo foi, e ainda é, uma parte importante do nosso mundo. Mesmo o incrédulo Tomé, que não acreditava que os seus amigos tinham visto Jesus depois da ressurreição, foi abençoado com um encontro com Cristo, que lhe apareceu para provar que o milagre era real. Mas o que vemos na TV e em blogs e jornais é realmente ceticismo ou simplesmente más atitudes?

Eu comecei a rever as minhas crenças e percebi que, durante grande parte da minha vida, eu tinha usado o ceticismo como uma máscara para o cinismo. O ceticismo é saudável, o cinismo, não. E eu era um produto do meu ambiente. Talvez a razão que impeça os milagres de ocorrer na mesma frequência com que ocorriam centenas de anos atrás é o fato de que nenhum de nós consegue ter fé em nós mesmos ou nos outros.

Será que precisamos que coisas extraordinárias nos aconteçam para nos despertar do sono da dúvida?

No final daquele outono, comecei a visitar livrarias antigas no centro da cidade de Nova York, em busca de alguma coisa sobre o catolicismo e o sobrenatural. Era quase impossível encontrar livros que tratassem dos dois temas ao mesmo tempo. Essas lojas tinham muitos livros sobre ocultismo — demonologia, feitiçaria, o demônio, bem como livros sobre fantasmas e o paranormal —, mas eles eram em sua maioria testemunhos do movimento da Nova Era ou guias práticos. Eu li alguns deles e me senti como o proverbial peixe fora d'água. Eu tinha passado os últimos dez anos da minha vida estudando o aspecto intelectual, filosófico, histórico e político da religião em geral, e do catolicismo em particular, mas esse era um terreno novo e, às vezes, obscuro. Isso não quer dizer que tudo o que eu lia tinha um tom sinistro. Havia livros interessantes sobre a história da alquimia e o folclore antigo, bem como livros de autoajuda sobre como desenvolver suas habilidades psíquicas (eu sabia que essas habilidades eram um tabu no catolicismo, mas que alguns dos santos as possuíam e as consideravam dons divinos). E havia uma grande abundância de livros sobre anjos, principalmente a partir da perspectiva da Nova Era. Por que não havia mais publicações para católicos?

Independentemente disso, fiquei impressionado ao ver que esses livros, especialmente os que falavam sobre os anjos, não eram simples livretos, mas calhamaços cheios de nomes e histórias de seres espirituais através dos tempos. Eu conhecia os arcanjos Miguel, Gabriel e Rafael (os únicos três anjos nomeados na Bíblia), mas havia literalmente milhares e milhares de nomes, tanto de anjos quanto de demônios, que tinham existido e, sendo eternos, ainda viviam até hoje. Alguns desses tinham sua origem na literatura, como o *Paraíso Perdido*, de John Milton, ou a *Divina Comédia*, de Dante; outros eram de textos apócrifos, como o livro de Enoque ou o livro dos Jubileus (textos escritos em alguma época entre a redação do Antigo e do Novo Testamento).

Outros ainda eram da cabala ou de testamentos gnósticos, enquanto muitos outros vinham do islamismo, do budismo e das tradições védicas conhecidas no Ocidente como hinduísmo. Outra porta para minha compreensão da fé estava se abrindo diante de mim. E os anjos eram negócio sério. Eles não eram os querubins de faces rosadas e anjos pré-rafaelitas que, na infância, muitos de nós víamos em pôsteres ou em cartões de felicitações.

Os anjos eram indivíduos sérios e cheios de sabedoria a quem você poderia chamar em momentos de perigo. (Anjos e demônios não têm um corpo material, mas muitos acreditam que eles possam se manifestar para nós na forma física... como fazem isso sendo inteligência pura, eu não tenho ideia.) Teólogos sérios que, segundo sempre acreditei, eram homens de grande fé, mas basicamente homens de lógica, acreditavam sinceramente na existência de anjos, entre eles Tomás de Aquino e Santo Agostinho. Aquino foi ainda chamado de "Doctor Angelicus", por causa do seu grande tratado teológico, a *Summa Theologica*, que contém vasta informação sobre a natureza dos anjos e é a maior fonte de tudo o que sabemos sobre eles.

Havia Abdiel, o "servo de Deus", o anjo Miguel, chamado de "serafim flamejante", que chutou a droga do Satanás na primeira batalha da guerra no céu (isso foi depois que Satanás optou por não servir mais a Deus); havia Metatron, que na tradição rabínica foi um dos anjos mais poderosos; e Uriel, o conselheiro, que pediu a Deus pela humanidade, depois que o Todo-Poderoso ficou farto dos misteriosos vigilantes angélicos que acasalaram com belas mulheres humanas e deram origem a seres que Deus nunca teve a intenção de criar, os Nephilim.

Essas eram histórias empolgantes e o que mais me fascinava era que todas elas, e as crenças por trás delas, se perderam em nossa idade moderna. Tenho certeza de que eu poderia ter questionado a maioria das pessoas que eu conhecia e elas nunca teriam ouvido falar na existência de nove ordens angélicas — os serafins, os querubins, os tronos, as virtudes, as potestades, os principados, os arcanjos e os anjos propriamente ditos (ou anjos da guarda). Com certeza, esse conhecimento não iria lhes dar um emprego ou alimentar seus filhos, mas não é só de pão que se alimenta o homem, não é verdade?

Havia também dois livros escritos por exorcistas modernos: *Entrevista com um Exorcista* por Jose Antonio Fortea, um padre apostólico romano da Espanha, e *Um Exorcista Conta sua História*, por Gabriele Amorth, um padre de Roma muito famoso. Esses dois livros demonstravam uma batalha viva e verdadeira sendo travada em nossas cidades e lares entre as forças do bem e do mal.

REFLETINDO SOBRE OS ESPÍRITOS

Minha mente girava e passei muitas noites em claro, sem noção de tempo; depois de comprar um livro ou dois eu corria para a Penn Station para pegar o trem de volta para Long Island. No caminho de volta para casa, repassava mentalmente o que tinha visto e lido. Em muitas ocasiões tive de questionar se eu não estava sendo conduzido nessa busca por alguma força estranha — só não sabia se era Deus ou outro ser quem me conduzia pela minha mão.

Por fim consegui encontrar, principalmente graças a pesquisas na internet, três livros fora de catálogo que tratavam especificamente de fantasmas. Dois eram da autoria de padres católicos: *Ghosts and Poltergeists*, do padre Herbert Thurston, e *Occult Phenomenon*, do Padre Alois Wiesinger. O terceiro livro, escrito por um primo do primeiro-ministro britânico Winston Churchill, que se converteu quando era estudante na University of Cambridge, era intitulado, por mais estranho que pareça, *Shane Leslie's Ghost Book*. Embora os três fossem bem diferentes, no tom e na execução, todos concordavam que os fantasmas eram reais e algo cuja compreensão era muito importante. No entanto, o que eu achei mais interessante como católico era que todos tinham sido escritos antes do Segundo Concílio do Vaticano.

Embora muitas pessoas não se deem conta disso, a Igreja Católica está constantemente passando por períodos de reavaliação. E nenhuma avaliação interna foi mais influente nos últimos tempos do que o Concílio Vaticano II, ocorrido entre 1962 e 1965. Embora seja impossível descrever esse acontecimento da história da Igreja de maneira sucinta, parece que esse encontro de bispos e prelados, sob a orientação do Papa João XXIII e posteriormente do Papa Paulo VI, conduziu a Igreja até a era moderna. Com a destruição e a perda de vidas humanas nas duas Guerras Mundiais, a crescente tensão entre o capitalismo e o comunismo, e os avanços da tecnologia em meados do século, para citar apenas alguns fatores, a Igreja viu a necessidade de descobrir novas maneiras de se modernizar. Havia uma série de reformas, incluindo a tradução da missa do latim para línguas vernáculas e a abertura do diálogo com outras religiões. Em suma, essas foram reformas e mudanças muito necessárias, que permitiram que a Igreja atendesse a uma população em constante mudança.

Em grande parte, o que o pensamento religioso perdeu após essas reformas foi o sentimento do sobrenatural — de um mundo invisível, o mundo do espírito. Isso não quer dizer que os assuntos espirituais foram abandonados. Longe disso, mas, à medida que Igreja mudava o seu enfoque nos últimos anos do século XX, será que a crença nas forças angelicais e demoníacas perdeu seu lugar no mundo moderno? Os milagres realmente acontecem ou a ciência poderia explicá-los? Ou, nesse sentido, o céu seria um lugar de fato ou um estado de espírito? Enquanto essas questões eram debatidas ao longo das décadas seguintes, a ideia de um mundo espiritual começou a perder a força para muitas pessoas. E, assim como muitos críticos acreditavam, Deus também.

Uma noite, no início de dezembro, depois de Grace e Eddie caírem no sono, eu desci até o andar de baixo para ler o livro do Padre Wiesinger sobre fenômenos ocultos. Em algum momento, adormeci no sofá e acordei por volta de três horas da manhã com uma mulher de cabelos ruivos e um vestido de estampa floral na porta do quarto de brinquedos de Eddie. Olhei para ela por um momento; ela não se mexeu, mas parecia estar me observando. Engoli em seco, fechei os olhos e, quando voltei a abri-los, ela tinha desaparecido. Eu tinha certeza de que estava acordado quando a vi, mas não tinha certeza absoluta — poderia ter sido uma sinapse estranha no meu cérebro, algum tipo de imagem visual que restara de um sonho quando acordei. No entanto, fosse sonho ou realidade, meu coração estava a mil por hora e eu podia ouvir o som dos sinos da igreja. Por um momento achei que se tratava dos sinos da catedral, então me sentei e virei a cabeça para olhar pela janela. Nesse momento, ouvi uma música suave acompanhando os sinos. Sem ter ideia do que estava ouvindo, levantei-me para olhar pela janela. O estacionamento estava vazio, as ruas em silêncio.

As luzes estavam apagadas no quarto de brinquedos, que ficava do outro lado da sala de jantar, mas havia um brilho azul suave na tela do computador iluminando a parede. Levantei-me e lentamente atravessei a sala, percebendo que o som dos sinos da igreja tinha sido substituído pelo som de tambores. E foi ficando mais alto. Eu entrei na sala de brinquedos, de onde uma música vinha dos alto-falantes. O iTunes estava ligado, e guitarras metálicas acompanhavam a batida. Levou um breve momento até eu registrar a música na minha cabeça. Era "Hell's Bells" do AC/DC. Lembrei-me de que tinha deixado o computador ligado antes de começar a leitura, mas tinha certeza de que não havia nenhuma música tocando. Os vocais aumentaram de volume e, enquanto eu estava ali ouvindo a música, senti a mesma onda de eletricidade que só costumava sentir no quarto do Eddie, enquanto o vocalista Brian Johnson entoava: "Vou provocar em você sensações sombrias em sua espinha. Se está no mal então é meu amigo".

— "Você deve estar me gozando — eu disse para mim mesmo. — Isso não pode estar acontecendo.

Desliguei o iTunes, fiz o mesmo com o computador, subi as escadas e fui para a cama com Grace. Eddie dormia profundamente ao lado dela. Passei o braço sobre ambos e, pela primeira vez desde que tudo aquilo tinha começado, eu senti medo.

Capítulo 7

O outono acabou e chegou o inverno, as férias vieram e se foram com a mesma rapidez. Eu ainda via sombras se movendo com os cantos dos olhos, brinquedos ligando sozinhos e as estranhas ondas de eletricidade continuaram no quarto de Eddie, só que não com tanta frequência.

Eu fazia o máximo para ignorar essas coisas quando elas aconteciam. Se Grace sentia alguma coisa, não dizia. Tenho certeza de que, mesmo que sentisse, ela não daria atenção. Estava nos estágios finais da gravidez, e os últimos meses tinham sido uma luta. Um ultrassom de alguns meses antes tinha mostrado uma pequena mancha no cérebro do bebê. Os médicos diziam que poderia não ser nada ou poderia ser alguma coisa e por isso deveríamos fazer uma amniocentese para nos certificar. Nós optamos por não fazer o exame, deixando que prevalecesse a vontade de Deus.

— Meu pai vai cuidar do bebê — Grace tinha dito. — Ele é o anjo da guarda dele também.

Embora tentássemos ser positivos, um fio de dúvida teimava em se infiltrar, pelo menos em mim. Além disso, Grace estava sentindo dores e desconfortos como nunca tinha sentido quando estava grávida de Eddie. Nada

REFLETINDO SOBRE OS ESPÍRITOS

parecia estar certo e momentos que deveriam ser de felicidade, por antecipação ao nascimento de um novo filho, foram crivados de fortes câimbras, náuseas terríveis e dores nas costas que às vezes a deixavam prostrada. O médico garantiu que a gravidez parecia normal, mas, como ela estava se encaminhando para a última etapa antes do nascimento, queria vê-la pelo menos uma vez por semana apenas para se certificar de que tudo ia bem.

Três semanas antes da data prevista para o parto, os sintomas diminuíram. Mesmo assim, a visita ao médico era obrigatória e, uma tarde, saí do trabalho mais cedo para acompanhá-la à consulta. Enquanto estávamos no consultório, a enfermeira mediu sua pressão arterial, fez uma careta, balançou a cabeça e mediu-a novamente. No final da segunda vez, ela pareceu assustada, disse-nos para esperar na sala e saiu. Ela e outra enfermeira entraram e, minutos depois, a outra tornou a medir a pressão. Depois da medição, puxou rapidamente o estetoscópio dos ouvidos, abriu o velcro do aparelho arterial em torno do braço de Grace e disse com naturalidade:

— Querida, você tem que ir para o pronto-socorro. Vista-se. Vamos atendê-la imediatamente.

Grace e eu nos entreolhamos e perguntamos o que havia de errado. A enfermeira disse que nunca tinha visto uma gestante com pressão tão alta e que não havia mais tempo para esperar. Ela nos perguntou se queríamos uma ambulância, e eu recusei, pois eu mesmo poderia levá-la.

Do consultório até o Winthrop Hospital, em Mineola, eram dez minutos de carro. Ao longo do caminho, Grace parecia se sentir bem e achamos que a enfermeira poderia ter se enganado. Mas, quando chegamos ao pronto--socorro do hospital, outra enfermeira estava esperando por Grace com uma cadeira de rodas. Um médico a atendeu de imediato. Ela foi ligada a um monitor e rapidamente internada na maternidade.

Grace estava com pré-eclâmpsia, uma condição perigosa que pode surgir em algumas gestações. Ela provoca pressão alta na mãe, o que por sua vez afeta a quantidade de oxigênio e de sangue que o bebê recebe dentro do útero. Se não diagnosticado, o problema pode evoluir até provocar embolias e convulsões, colocando em risco a vida da mãe e da criança.

Grace ficou no hospital durante uma semana e ao longo desse período fez ultrassonografias diariamente para monitorar a frequência cardíaca do bebê. Foi uma semana longa, cheia de incertezas e dúvidas, mas, em 27 de fevereiro, o médico decidiu que já tinha decorrido tempo suficiente e o bebê deveria nascer. Ele induziu o parto e Grace deu à luz Charles Jansen às 4:51, enquanto ouvíamos ao fundo um programa de auditório na TV.

Charles estava bem.

Naquela noite, depois que todas as visitas foram embora, sentei-me com Grace e Eddie no quarto do hospital e olhamos para o menininho que tinha acabado de entrar em nossas vidas.

— Você foi um rapazinho difícil, em? — eu disse a ele. Ele não respondeu. Nem eu esperava isso dele. Afinal meu filho tinha apenas algumas horas de vida. Mas ele era bonito e calmo e irradiava paz. Vestindo um gorrinho e enrolado no cobertor, parecia um minúsculo feijão branco. Grace estava exausta, e eu precisava voltar ao trabalho no dia seguinte, por isso Eddie e eu a deixamos. Grace chorou porque estava feliz e cansada; farta de ficar no hospital, ela só queria ir para casa.

No caminho para casa, deixei Eddie na casa da avó. Ele queria ficar comigo e eu queria ficar com ele. Não tínhamos ficado juntos por muito tempo naquela semana. Mas eu tinha tirado vários dias de folga do trabalho para ficar com Grace enquanto ela estava no hospital e precisava ir para o escritório na manhã seguinte, nem que fosse apenas por algumas horas. A mãe de Grace tinha concordado em cuidar de Eddie no dia seguinte, por isso, depois que me despedi de Eddie, fui para casa. Já era noite e eu mal conseguia manter os olhos abertos atrás do volante. Na semana anterior tinha ficado apavorado com a possibilidade de perder Grace e o bebê. Agora que Charlie estava a salvo e Grace parecia bem, o alívio tinha tomado conta de mim. Eu estava com os nervos à flor da pele e com a adrenalina a mil por hora, mas agora estava relaxando — e rápido. Pensei em parar para comprar um café, mas decidi seguir em frente. Só queria fechar os olhos e descansar.

Cheguei em Rockville Centre em torno das dez horas. Era a primeira vez em muito tempo que eu ficava sozinho em casa. Fui imediatamente para o andar de cima, chutei os sapatos, deitei na cama e adormeci. Nem sequer troquei de roupa, o que teria assustado Grace se ela soubesse, pois ela achava os hospitais um dos lugares mais infectados do mundo. Eu não discordava dela, mas naquela noite não me importei.

Às três horas da manhã, aproximadamente, acordei com o som do toque da campainha. Abri os olhos e não me mexi. Por um momento não percebi onde eu estava, mas o som pareceu se prolongar na sala — como se alguém tivesse batido com uma colher contra uma taça de vinho — e depois lentamente se desvaneceu. Meu coração disparou e eu não tinha certeza se estava tendo um pesadelo ou se havia alguém na porta da frente. Meus olhos vagaram pelo quarto, tentando se ajustar a acordar. Eu estava respirando rápido e o pânico subia e descia no meu peito. Havia poucas coisas mais sinistras para mim do que o som de uma campainha no meio da noite, e esperei para ver se ela soaria novamente. Eu me senti um covarde, mas simplesmente não consegui me mexer. Se fosse apenas um sonho, não haveria um segundo toque e, se fosse real, então quem quer que fosse tocaria novamente. Eu esperei e um pequeno filme passou na minha cabeça de todas as vezes em que a campainha tinha tocado de madrugada, na minha infância. Nunca havia ninguém na porta. Meu pai sempre dizia que eram garotos fazendo travessuras, mas, se de fato era um bando de punks arruaceiros, eles nunca faziam nenhum som — não havia risos, nem garotos trombando uns com os outros na pressa de fugir. E, quando olhávamos para a rua, nunca havia ninguém lá, exceto sombras e postes de luz.

Esperei pelo toque seguinte da campainha e comecei a cantar *Mississippis* na minha cabeça como costumava fazer quando criança, entre o lampejo de um relâmpago e o estrondo do trovão, para saber quanto tempo levaria para a tempestade chegar.

Um Mississippi.

Dois Mississippi.

Três Mississippi.

Quatro...

Ding!

A campainha tocou novamente. A tempestade, que eu não tinha visto chegar, estava na minha porta.

— Droga! — exclamei pulando da cama e puxando para trás a máscara de dormir, para olhar pela janela. Não havia ninguém, mas minha visão era limitada, pois o telhado abaixo bloqueava a vista. Saí do meu quarto, desci as escadas e abri a porta. Ali na escuridão não havia nada. Corri para fora de meias. O chão estava frio e molhado e eu fiquei ali na calçada, a luz da rua brilhando acima de mim como uma pequena lua. Olhei em volta e não havia ninguém em lugar nenhum. As ruas estavam vazias.

— Que inferno! Vê se me deixa em paz! — gritei em voz alta. E eu não sabia para quem estava falando. Para um garoto, um fantasma, um demônio ou para mim mesmo? — Que diabos está acontecendo?

Voltei para dentro com o coração ainda aos saltos e fui ferver água para fazer um chá. A casa estava congelando. Aqueci as mãos sobre o fogão e tentei acalmar a mente. Comecei recitando a Oração de Jesus repetidamente na minha cabeça, mas aquilo não me fazia me sentir melhor. Quando a água estava fervendo, fiz o chá, em seguida fui para a sala da frente e ajustei o termostato. Os canos começaram a gorgolejar e a fornalha ganhou vida no porão. Sentei-me no escuro ao lado da janela e olhei para a catedral à distância. As luzes da rua lançavam um brilho alaranjado sobre a sala e lembravam-me da brasa do cigarro da minha mãe e da noite em que ela se sentou no mesmo lugar e me falou da escuridão que pairava sobre a igreja, um quarteirão abaixo. Numa mesinha ao meu lado, havia uma pilha de livros que eu estava lendo ou planejava ler. Eles eram, em sua maioria, livros sobre demonologia e angelologia. Achei que talvez fosse melhor apenas jogá-los fora e ler um bom romance de Hemingway ou me debruçar sobre um artigo da coluna de esporte do jornal.

— É, coisas estranhas têm acontecido no último ano, mas você provavelmente não está melhorando as coisas lendo essas porcarias — disse em voz alta para mim mesmo.

Então, pela primeira vez, achei que seria melhor apenas nos mudarmos, vendermos a casa e irmos para outro lugar. Eu tinha vivido naquela casa

REFLETINDO SOBRE OS ESPÍRITOS

a maior parte da minha vida. Por que não tínhamos ido embora? Sempre achei que era porque eu lamentava pela casa e lamentava pelos meus pais, que fizeram o melhor que podiam para criar cinco filhos e acabaram estragando a própria vida no processo. Achei que lamentasse por tudo o que poderia ter vivido na casa, mas talvez não lamentasse por nada nem ninguém. Talvez o motivo que me fazia continuar ali fosse outro: *alguém me impedia de ir embora*. Eu já havia tentado ser racional sobre tudo nos últimos meses, mas desta vez estava convencido de que havia algo na casa. E, se houvesse, eu estava sendo irresponsável por não estar fazendo nada? Estava colocando minha família em perigo? Nada de ameaçador tinha acontecido. Ou será que tinha? Será que a gravidez difícil de Grace era resultado de algum tipo de espírito? Ou seria apenas algo que aconteceu? Uma coincidência?

Independentemente de quanto algumas das ocorrências tinham sido estranhas ou assustadoras para mim durante o ano anterior, eu não tinha provas de que não eram simples acontecimentos naturais. Mas algo dentro de mim dizia que eram mais do que acontecimentos naturais. Eu sabia que isso ia além de toda a lógica e contra tudo em que eu acreditava. Parte de mim ainda achava que talvez fosse apenas stress, mas eu não sabia. Simplesmente não sabia.

Na pilha de livros estava *When Ghosts Speak*, escrito por Mary Ann Winkowski, a médium que Peggy recomendara que eu consultasse no verão. Um dos nossos clubes do livro, *One Spirit*, oferecia esse livro aos membros em seus catálogos promocionais. O editor tinha me dado uma cópia depois que eu havia perguntado sobre ele algumas semanas após o meu almoço com Peggy. Embora o meu departamento tivesse se comprometido a oferecer o livro no verão de 2008, sem publicidade, apenas com a força do título, eu ainda não tinha olhado para ele. Tomei o meu chá, acendi o abajur, peguei o livro e o li até de manhã. E, embora estivesse fascinado com as histórias de espíritos que vagavam pela Terra por muitas razões diferentes, fiquei muito intrigado com outra coisa: as maldições.

Capítulo 8

O *malocchio*, ou mau-olhado, é uma maldição lançada sobre um indivíduo invigilante, com intenção malévola. É produto da inveja e pode ser feita de forma deliberada, por exemplo, quando alguém deseja ver outra pessoa morta; ou por acidente, como uma amiga que tem inveja da beleza de outra. Uma pessoa lança um olhar frio e amargo na outra pessoa e esse olhar pode ter graves repercussões. Em muitos aspectos, é como alvejar alguém com uma bala de inveja, e muitos acreditam que essa seja a causa de dores de cabeça, infortúnios, acidentes, e às vezes até mesmo a morte.

Muitos acreditam que o mau-olhado tenha se originado no Antigo Egito — o olho de Hórus é um símbolo que protege a pessoa de seus efeitos — e o mau-olhado, ou uma variação dele, tem sido documentado através dos séculos, em países tão diversos como Itália, Índia, Bangladesh, Paquistão, Croácia, República Dominicana e Tibete. Imigrantes trouxeram a crença para os Estados Unidos e, embora não se fale sobre o assunto abertamente, muitas pessoas acreditam no mau-olhado e usam amuletos variados para se proteger dele.

Eu ouvi falar pela primeira vez em *malocchio* um mês antes do meu aniversário de 25 anos. Eu estava animado por ter comprado um carro novo e contei a todos os meus amigos. Muitas pessoas compartilharam meu entusiasmo e me desejaram boa sorte, até mesmo jogando moedas e notas de um dólar no assoalho do carro para atrair sorte. Eu estava feliz por ter o carro e empolgado por saber que, em menos de trinta dias, estaria pagando taxas de seguro bem mais baixas, visto que estava saindo da categoria de risco em que se enquadram todos os motoristas com menos de 25 anos no estado de Nova York.

Mas um grande amigo meu me puxou de lado um dia e me disse para ter cuidado, pois ele sabia de um conhecido nosso que tinha inveja pelo fato de, em menos de um mês, eu estar pagando bem menos pelo seguro do carro. (Você poderia pensar que esse cara estava com inveja porque eu comprei um carro novo, mas qualquer morador de Long Island com menos de 25 anos sabe muito bem quanto custa caro o seguro de um veículo.) Ele disse que essa pessoa tinha me posto mau-olhado; eu perguntei o que era aquilo e ele me disse. Eu ri e falei que não acreditava naquela bobagem de superstição. Ele compreendeu, mas me disse para ser cauteloso. Não queria que eu sofresse um acidente.

Acidente?

Não contei o que meu amigo disse para ninguém, pois achava que era bobagem, mas ele mencionou a palavra *acidente* e você sabe o que aconteceu? Ele plantou uma pequena semente de dúvida na minha cabeça, assim como Iago fez com Otelo, e ela criou raízes. Tentei descobrir quem poderia estar falando algo ruim sobre mim e logo descobri. Não fiquei zangado com a pessoa. Era um idiota, de qualquer maneira, mas eu estava furioso com o meu amigo por não ter me contado quem era. Agora eu estava consciente do suposto mau-olhado e um pouco paranoico com relação à possibilidade de meu carro apresentar algum defeito. Eu sabia que se acontecesse alguma coisa seria apenas por autossugestão, mas mesmo assim duvidava de mim mesmo cada vez que estava ao volante. Então, o que eu fiz? Durante um mês, dirigi com o máximo cuidado.

A manhã do meu aniversário chegou e nada aconteceu. Eu sabia que o que meu amigo tinha dito sobre mau-olhado era bobagem e me senti muito bem, primeiro por já ter um quarto de século e depois por ter evitado *a terrível maldição*!

O carro da minha mãe não estava funcionando no momento, então ela pediu o meu emprestado. Precisava apanhar alguma coisa em Baldwin, uma cidade bem próxima à nossa. Eu emprestei. Naquela manhã, numa estrada lisa como sabão, a minha mãe bateu na traseira de uma picape, amassando toda a frente do meu carro. O *air bag* não funcionou e ela bateu a cabeça contra o volante e ficou sentada ali, atordoada. O dia estava nublado e tinha garoado, mas tudo tinha uma aparência brilhante para ela. Ela se sentiu quente e em paz e pensou por um momento que tinha morrido e ido para o céu. Depois, ouviu uma batida na janela lateral. Lentamente baixou o vidro e lá estava um homem de peito largo, perguntando se ela estava bem.

Ela olhou bem nos olhos dele. Parecia-lhe familiar e ela levou um momento para identificá-lo. Era Joey Buttafuoco. Três anos antes, o proprietário de uma loja de acessórios de carro tinha se envolvido com uma menor de idade chamada Amy Fisher, a famigerada "Lolita de Long Island", que deu um tiro na esposa dele, numa tentativa fracassada de assassinato.

Minha mãe olhou através do para-brisa para o carro amassado e depois novamente para Buttafuoco e percebeu que ela não tinha morrido e definitivamente não tinha ido para o céu.

Minha mãe nada sofreu, mas não posso dizer o mesmo das taxas do meu seguro...

Uma semana depois de Mary Ann Winkowski nascer, sua avó banhou-a em vinho tinto, não só para afastar o mau-olhado, mas também o demônio. Esse era um antigo costume italiano. A avó de Mary Ann, Maria, era da Itália, um lugar onde um olhar mal-intencionado podia arruinar uma pessoa de muitas maneiras diferentes e era preciso tomar precauções. Espíritos malignos e maldições não eram apenas contos da carochinha, mas algo a se levar muito a sério. O batismo protegia ainda mais o bebê contra a devasta-

REFLETINDO SOBRE OS ESPÍRITOS

ção causada pelo Maligno, mas alguma coisa tinha que ser feita nesse meio-
-tempo, entre o nascimento e a bênção do padre com água benta.

Maria tinha um dom. Ela via coisas que outras pessoas não podiam ver e era capaz de se comunicar com os espíritos, a maioria de parentes ou pessoas falecidas que ela conhecia pessoalmente. A mãe de Mary Ann não acreditava em nada disso, mas não tinha a mesma capacidade da mãe e, quando o bebê cresceu e começou a andar, ambas ficaram curiosas para saber se um dom especial se manifestaria. Sabia-se que o dom costumava saltar uma geração.

A família não teve que esperar muito tempo. Quando Mary Ann tinha apenas 2 anos, ela viu e falou pela primeira vez com um espírito. Sua mãe estava no hospital para dar à luz sua irmã e Mary Ann estava hospedada na casa da avó. A menina, que era precoce para a idade, começou a ter uma conversa com uma pessoa invisível no canto do cômodo. Maria a questionou a respeito disso e as informações que Mary Ann retransmitiu não eram nada que uma menina de 2 anos de idade pudesse saber. O dom tinha se revelado e, com 4 anos de idade, Mary Ann começou a visitar necrotérios regularmente para falar com os mortos e ajudar os parentes a lidar com a perda de entes queridos e, às vezes, não tão queridos.

Eu acabei de ler *When Ghosts Speak* poucos dias depois de Grace e Charlie chegarem em casa do hospital. Esperava me deparar com declarações extravagantes de algum guru da moda, que caçava fantasmas com um aspirador de pó e um tabuleiro Ouija, mas não era nada disso. Mary Ann, casada e mãe de dois filhos, era uma católica praticante que morava nos arredores de Cleveland, Ohio, e parecia perfeitamente sã. Mais do que eu me sentia nos últimos meses. Ela tinha uma abordagem direta e sensata com respeito ao sobrenatural e uma linguagem prática sobre temas que, em outras circunstâncias, poderiam parecer absurdos. Ler o livro de Mary Ann foi como me sentar à mesa da cozinha, comer biscoitos e beber leite na companhia de minha mãe. Fantasmas ou, como ela dizia, espíritos presos à Terra, eram reais. Para ela não havia dúvida disso. Ela podia vê-los assim como via os vivos. A maioria deles era bastante comum. Sim, podiam mover objetos ou provocar sons — às vezes podiam fazer a temperatura cair num cômodo

—, mas não podiam voar ou flutuar através das janelas, não podiam prever o futuro ou lançar feitiços e, na maioria das vezes, não podiam prejudicar ninguém. A personalidade de um espírito preso à Terra era na verdade determinada pela forma como a pessoa era quando viva. Se ela era amável, provavelmente era um espírito amável, embora um pouco desorientado. Se era uma idiota, bem, na maioria das vezes a morte não mudava isso e ela era um fantasma inconveniente, que andava por aí, às vezes causando problemas. A maioria das pessoas que morrem vai para o outro lado, onde quer que seja esse lugar. As que ficam na Terra têm questões não resolvidas com os vivos ou estão perdidas e precisam de alguém para lhes mostrar o caminho para o que Mary Ann chama de luz (estas são geralmente pessoas que tinham muito pouco senso de direção na vida real... brincadeirinha). Ok, a ideia da luz me pareceu meio extravagante, mas Deus tem sido descrito como luz há séculos, então por que não? Talvez algumas almas só precisassem de um pouco de orientação para saber aonde precisavam ir.

Talvez fosse isso que estivesse acontecendo na nossa casa. Talvez um fantasma fosse como uma mosca.

Alguma vez você já abriu a porta do carro e sem querer deixou entrar uma mutuca? Você dá a partida, tira o carro da garagem e logo ouve um zumbido e vê algo voando na sua frente para logo depois desaparecer. Ela então circula por ali e se choca contra a janela do motorista e cai, rasteja sobre a maçaneta da porta, em seguida voa novamente, desta vez no lugar onde o para-brisa encontra o painel. Rasteja pelo painel, talvez pouse sobre um pedaço de batata frita esquecido por uma criança, sacode um pouco de poeira e voa novamente. Ela pode ver o lado de fora, mas não encontra a saída. Então você abre a janela, a mosca decola e você nunca mais a vê novamente.

Será que os fantasmas eram como moscas presas dentro de um carro e tudo de que precisavam era de alguém que abrisse a janela para elas?

Eu ainda tinha o número de Mary Ann na carteira. Decidi que queria fazer o telefonema, no fim das contas. Então, uma noite, falei a respeito com Grace, que me perguntou por que eu queria fazer aquilo. Perguntei se ela ainda estava vendo sombras e ela admitiu que sim, mas acreditava que, provavelmente, era apenas um sintoma da gravidez.

— Então por que Eddie ainda não está querendo entrar em seu quarto?

— Ele só está ansioso com o bebê, é só isso.

— E os brinquedos?

— Nós já superamos isso.

— E sobre o dia em que ouvimos o vidro se quebrando na sala de estar?

— Bem, ponto para você. Não tenho como explicar isso.

— Concorda, então?

Perguntei qual era o problema de admitir que havia um fantasma na casa e ela ficou em silêncio por um momento antes de dizer que a avó lhe dissera para nunca brincar com esse tipo de coisa. Se houvesse algo na casa e não estivesse incomodando ninguém, bastava ignorar.

— Mas isso está me incomodando — eu disse. — E está incomodando Eddie.

— Nós não sabemos o que está incomodando Eddie. Ele é só um garotinho e não quer ficar sozinho.

— Mas ele não entra no quarto nem quando está com a gente!

Ela não disse nada. Estava cansada e, pensando bem, eu provavelmente não deveria ter tocado no assunto tão cedo, depois de ela ter dado à luz, mas eu precisava fazer alguma coisa e não apenas ler livros.

— Eu só quero fazer isso.

— Se fizer essa ligação, você não estará indo contra a sua religião?

Ela pegou no meu ponto fraco.

Na famosa história da bruxa de Endor, do livro de Samuel do Antigo Testamento, Saul, o primeiro rei dos hebreus, está numa situação difícil. Está prestes a ser entregue aos filisteus. Ele ora a Deus e, não recebendo nenhuma resposta, resolve visitar uma necromante e enganá-la para conjurar o profeta Samuel, que tinha morrido pouco tempo antes. A evocação dos mortos ia contra a lei judaica e a pena era o apedrejamento.

Vendo Saul o acampamento dos filisteus, foi tomado de medo, e muito se estremeceu o seu coração.

Consultou Saul ao SENHOR, porém o SENHOR não lhe respondeu, nem por sonhos, nem por Urim, nem por profetas.

Então, disse Saul aos seus servos: Apontai-me uma mulher que seja médium, para que me encontre com ela e a consulte. Disseram-lhe os seus servos: Há uma mulher em En-Dor que é médium.

Saul disfarçou-se, vestiu outras roupas e se foi, e com ele, dois homens, e, de noite, chegaram à mulher; e lhe disse: Peço-te que me adivinhes pela necromancia e me faças subir aquele que eu te disser.

Respondeu-lhe a mulher: Bem sabes o que fez Saul, como eliminou da terra os médiuns e adivinhos; por que, pois, me armas cilada à minha vida, para me matares?

Então, Saul lhe jurou pelo SENHOR, dizendo: Tão certo como vive o SENHOR, nenhum castigo te sobrevirá por isso.

Então, lhe disse a mulher: Quem te farei subir? Respondeu ele: Faze-me subir Samuel.

Vendo a mulher a Samuel, gritou em alta voz; e a mulher disse a Saul: Por que me enganaste? Pois tu mesmo és Saul.

Respondeu-lhe o rei: Não temas; que vês? Então, a mulher respondeu a Saul: Vejo um deus que sobe da terra.

Perguntou ele: Como é a sua figura? Respondeu ela: Vem subindo um ancião e está envolto numa capa. Entendendo Saul que era Samuel, inclinou-se com o rosto em terra e se prostrou.

Samuel disse a Saul: Por que me inquietaste, fazendo-me subir? Então, disse Saul: Mui angustiado estou, porque os filisteus guerreiam contra mim, e Deus se desviou de mim e já não me responde, nem pelo ministério dos profetas, nem por sonhos; por isso, te chamei para que me reveles o que devo fazer.

Então, disse Samuel: Por que, pois, a mim me perguntas, visto que o SENHOR te desamparou e se fez teu inimigo?

Porque o SENHOR fez para contigo como, por meu intermédio, ele te dissera; tirou o reino da tua mão e o deu ao teu companheiro Davi.

Como tu não deste ouvidos à voz do SENHOR e não executaste o que ele, no furor da sua ira, ordenou contra Amaleque, por isso, o SENHOR te fez, hoje, isto.

O SENHOR entregará também a Israel contigo nas mãos dos filisteus, e, amanhã, tu e teus filhos estareis comigo; e o acampamento de Israel o SENHOR entregará nas mãos dos filisteus.

De súbito, caiu Saul estendido por terra e foi tomado de grande medo por causa das palavras de Samuel (1 Samuel 28:5-20).

As coisas não saíram muito bem para Saul, depois disso, e apesar do apedrejamento não ser mais costume, a história da Igreja sobre a consulta de um médium para invocar os mortos era vista como um pecado grave.

Por que conjurar os mortos é tão ruim? Bem, para começar, se uma pessoa acredita em Deus, então essa pessoa precisa colocar total confiança Nele. O desejo de entrar em contato com uma vidente para saber sobre o futuro significa que a pessoa está de algum modo preocupada com o futuro, o que é uma coisa completamente normal. Mas Deus não quer que você se preocupe com essas coisas. Ele proverá, e o seu desejo de saber o que vai acontecer futuramente indica dúvida.

Em segundo lugar, também pode ser perigoso. Como afirmou o Papa Paulo VI, nós sabemos muito pouco sobre o mundo espiritual. Não é que a Igreja negue a existência de um mundo invisível, ele apenas alerta para que não nos envolvamos com esse mundo, pela simples razão de que não existe um livro de regras. Ninguém sabe como o mundo invisível funciona. Nem as pessoas têm ideia do que estão fazendo quando se envolvem com ele, razão pela qual a Igreja nos alerta de que não devemos brincar com um tabuleiro Ouija, por exemplo.

Imagine por um momento que você tenha se inscrito num site de encontros e relacionamentos. Você faz o login e em algumas semanas começa a conhecer pessoas. A maioria delas parece estranha ou entediante para você, mas, um dia, uma pessoa parece se destacar. Pela foto ela tem boa aparência, é engraçada e tem muito em comum com você. Quando batem papo pela Internet, vocês se divertem e, ao contrário de alguns dos esquisitos com quem já conversou no passado, essa pessoa não o aborrece. Ela lhe dá espaço. Não é insistente nem costuma encher a sua caixa postal eletrônica, perguntando como você é ou lhe encaminhando dezenas de correntes por e-mail. Logo, você começa a se sentir à vontade e compartilhar alguns de seus pensamentos mais íntimos. Começa a realmente se abrir com essa pessoa que está do outro lado do ciberespaço.

Depois de alguns meses, ela sugere que já é hora de vocês dois se conhecerem pessoalmente. Você concorda. Está animado para finalmente conhecer essa pessoa em carne e osso, pois está realmente atraído por ela e sente que, em pouco tempo, ela conquistou um lugar no seu coração. Então você concorda que se encontrem num restaurante para jantar. A noite finalmente chega. Você se arruma elegantemente. Mal pode esperar e passa o dia inteiro na expectativa. Quando está saindo do carro, você nota uma pessoa de aparência assustadora caminhando na sua direção. Essa pessoa se apresenta como seu amigo, mesmo não se parecendo em nada com aquela que você viu nas fotos ou em sua imaginação.

Ela, então, pega uma marreta, quebra a sua cabeça, arrasta o seu corpo para dentro de um porta-malas, dá a partida no carro e vai enterrá-lo num porão, em algum lugar do Canadá.

Tipos assim existem.

O mesmo se aplica ao ato de conjurar espíritos. A verdade é que você pode nunca saber ao certo exatamente com quem ou com o que está lidando.

Você pode pensar que o espírito que encontrará é bondoso e bem-intencionado, ou até mesmo angelical, mas nunca se sabe.

Eu fiquei sentado ali por um momento, com a pergunta de Grace na cabeça: se fizer essa ligação, você não estará indo contra a sua religião?

Acho que não, racionalizei. Eu não estava invocando nenhum espírito. O fantasma já estava ali e, de certo modo, era ele quem estava me conjurando para o seu estranho mundinho fantasmagórico. Eu só queria a confirmação de que ele estava mesmo ali. Não ia desenhar um pentagrama no chão e evocá-lo para pedir sua ajuda para governar o mundo. Tudo o que eu queria era saber o que *ele* queria de mim e como fazer para que saísse da minha casa.

— Não se preocupe com isso — eu disse a ela. — Além do mais, você já ouviu os palavrões que andam saindo da minha boca nos últimos anos? Acho que esse tipo de linguagem vai muito mais contra o catolicismo.

— Boa observação — ela disse. E parou por um momento.

Charlie, que estava dormindo em seu berço na sala de jantar, começou a chorar.

— Tudo bem — ela disse. — Vá em frente.

No dia seguinte, liguei para Mary Ann e deixei uma mensagem em sua secretária eletrônica. Dei-lhe meu nome, mencionei Peggy e disse que eu era editor da QPB e que estávamos animados com a perspectiva de oferecer o livro dela em nossos catálogos nos próximos meses. Então perguntei se ela não se importaria de me ligar, porque eu achava que tinha um fantasma na minha casa (nem pude acreditar que tinha dito isso para alguém que eu nem conhecia). Então, desliguei e esperei que ela retornasse a ligação.

Em seu livro *Everything You Ever Wanted to Know About Heaven but Never Dreamed of Asking!*, Peter Kreeft, professor de filosofia do Boston College, teólogo respeitado e uma das únicas pessoas nos últimos anos a falar sobre o sobrenatural de uma perspectiva católica, afirma que existem três tipos de fantasmas:

Primeiro, o tipo mais conhecido: os tristes e etéreos. Eles parecem estar querendo resolver algum assunto terreno inacabado ou sofrendo alguma purificação purgatorial até que consigam se libertar de suas questões terrenas...

Em segundo lugar, existem os espíritos mal-intencionados e enganadores — e como são enganadores, quase nunca parecem maliciosos. Esses são provavelmente os que respondem às evocações nas sessões espíritas. Eles provavelmente vêm do inferno...

Em terceiro lugar, existem os espíritos iluminados e felizes de amigos e familiares mortos, especialmente cônjuges, que aparecem espontaneamente, segundo a vontade de Deus, não a nossa, com mensagens de esperança e amor.

Embora eu tivesse certeza de que Kreeft sabia o que estava falando, não seria um espírito do inferno um demônio, em vez de um fantasma? Ao mesmo tempo, os fantasmas já foram humanos, e um ser humano não pode se tornar um anjo, porque o anjo é uma espécie totalmente diferente. Do mesmo modo que um gato nunca pode se tornar um cão e uma supermodelo nunca poderá se tornar um anjo, independentemente do que diga a Victoria's Secret. Existiriam realmente almas humanas condenadas, e elas poderiam causar estragos no nosso mundo material?

Além disso, Kreeft tinha deixado de fora da sua lista os *poltergeist*, ou espíritos ruidosos, como o Padre Herbert Thurston escreveu em seu livro *Ghosts and Poltergeists*. Ele definia *poltergeist* como "um espírito que quase sempre permanece invisível, mas que manifesta a sua presença atirando coisas, batendo atiçadores de lareira e causando alvoroço, levando espectadores humanos a ser ocasionalmente atingidos por objetos voadores, sem no entanto sofrer ferimentos graves".

E então parece haver os fantasmas que passaram por algum tipo de tragédia e não sabem que estavam mortos, ou que não querem passar para a próxima fase da vida após a morte.

REFLETINDO SOBRE OS ESPÍRITOS

Enquanto esperava Mary Ann telefonar, eu pensava em que tipo de espírito podia estar na nossa casa. Era triste, irritado, demoníaco ou algum tipo de *poltergeist* em treinamento? Tentei tirar essa ideia da minha cabeça e fiz isso por meio da oração do Rosário, pedindo a Deus e à Nossa Senhora para nos proteger se preciso fosse.

Alguns dias se passaram e não tivemos notícia de Mary Ann. Peggy havia me dito que ela tinha uma lista de espera, mas nas últimas 48 horas eu tinha começado a me arrepender de ter ligado. Não havia muita atividade na casa desde que o bebê tinha chegado.

Talvez Grace estivesse certa. Se havia alguma coisa ali, não tinha nos prejudicado —, com certeza tinha me incomodado, pelo menos a mim, e possivelmente a Eddie também, mas talvez fosse só porque nós não entendíamos o que estava acontecendo. Comecei a sentir pena do fantasma, mesmo sem saber *o que* ele era.

Na terceira noite, o telefone tocou e um número de Ohio apareceu no identificador de chamadas. Peguei o telefone, caneta e papel para tomar nota e, sem saber por que, corri para o quarto de Eddie, onde eu não havia entrado nas últimas semanas. Encostei-me na cômoda do meu filho e atendi ao telefone.

— Gary?

— Sim.

— Aqui é Mary Ann Winkowski, como vai?

Ela tinha o sotaque caloroso e fascinante do Meio-Oeste e instantaneamente todo o receio que eu vinha sentindo ao longo dos últimos dias se dissipou. Depois de apenas algumas palavras senti como se conhecesse essa mulher a minha vida inteira.

Nós conversamos uns cinco minutos sobre o livro dela e sobre o quanto eu tinha apreciado a leitura. Ela disse que estava muito feliz com a reação dos leitores. Tinha ficado apreensiva sobre como seria recebida, mas havia recebido dezenas de cartas, dizendo o quanto o livro tinha sido útil, e ela estava feliz por tê-lo escrito. Mary Ann era tão doce e verdadeira que eu poderia ter conversado com ela durante horas, mas acabamos indo direto ao assunto.

Ela me explicou que tinha a capacidade de saber se havia um espírito numa casa ou estando presente em pessoa ou ouvindo pelo telefone, mas a chamada precisava ser feita a partir de um telefone fixo. Telefones celulares não funcionam por alguma razão. E como ela estava a quase 800 km, ia me fazer uma leitura por telefone.

Eu lhe disse que estava pronto. Não tinha revelado quase nada sobre mim mesmo. Tudo o que ela sabia era o meu nome, onde eu trabalhava e meu número de telefone (que não estava na lista telefônica nem disponível na Internet). Então ela ficou em silêncio por alguns segundos, e aí começou a me fazer perguntas.

— Há um cômodo amarelo na sua casa?

— Sim.

— E esse quarto não tem armários, certo?

— Certo.

— E nesse cômodo fica uma criança?

— Sim.

— É o quarto do seu filho, certo?

— Certo.

Ela parou um minuto. Fiquei impressionado, especialmente quando ela mencionou a cor do quarto e o fato de não ter armários.

— Ok, agora, quem é Maryanne?

— Bem, é você.

— Não, há outra Maryanne.

— Ah! — exclamei — é a minha irmã.

— Será que ela se machucou nesse quarto?

— Ah, meu Deus, sim, ela se machucou. Quando era criança, caiu acidentalmente e cortou o pulso em algo afiado. Eu era pequeno, escoteiro na época, e fiz um curativo. Até hoje, ela diz que eu salvei a vida dela.

— Quem é Merrick?[*]

Parei por um minuto e pensei. Eu não conhecia nenhum Merrick.

---

[*] Este nome foi trocado por motivos de privacidade.

REFLETINDO SOBRE OS ESPÍRITOS

— Não sei — respondi. — Você está se referindo a uma pessoa? Uma pessoa chamada Merrick?

— Eu acho que sim — disse ela. — Essa informação não está vindo com clareza, mas estou realmente captando um Merrick.

— Você tem certeza de que é uma pessoa? — eu perguntei. — Porque tem uma cidade chamada Merrick a cerca de dez quilômetros da minha casa.

— Eu não sei — disse Mary Ann. Só estou captando Merrick. Eu sinto que é um nome, mas posso estar errada.

Ela fez uma pausa novamente e então perguntou:

— Sua casa tem em torno de 100 anos, certo?

— Certo.

— E há uma cristaleira no andar de baixo, perto de uma grande janela na frente da casa?

— Bem, de fato, há uma cristaleira perto da janela — eu disse. — Você é boa mesmo.

— Eu sei — ela riu, antes de continuar. — É uma cristaleira alta, com vidro em três lados, certo?

— Bem, sim, é. Você tem acesso a algum satélite militar ou algo assim? Minha esposa guarda alguns pratos especiais nessa cristaleira. Ela adora esses pratos.

Houve um silêncio do outro lado da linha e Mary Ann ficou murmurando baixinho para si mesma.

— Então, o que você acha? — eu finalmente perguntei.

— Beeem — disse ela estendendo a palavra. — Há duas coisinhas acontecendo na sua casa — Mary Ann respondeu.

— Duas?

— É, você tem uma mulher, uma mulher mais velha. Ela é pequena, tem cabelo curto. Fica lá embaixo, na maior parte do tempo. Ela está na sua casa há muito tempo. Um tempo muito longo mesmo. Ela já tinha falecido quando a casa foi construída. Você já mora há bastante tempo aí, não é?

— Moro — eu disse.

— Desde que era criança, certo?

117

— Certo.

— Ela já estava aí quando você era pequeno. Gosta de ficar na sala da frente da casa, perto da janela. Ela anda de um lado para o outro na sala, indo até a porta da frente, que fica do mesmo lado da janela. É como se estivesse esperando alguém.

— Está de pé ao lado da cristaleira agora.

Os pelos da parte de trás do meu pescoço começaram a ficar arrepiados.

— Ah, meu Deus, você está falando sério? — eu perguntei.

A máquina do tempo na minha cabeça voltou até aquela noite na cozinha, quando eu tinha 7 anos de idade e minha mãe me contou sobre o fantasma da mulher, que olhava pela janela à espera de alguém voltar.

— Minha mãe me disse que havia um fantasma na nossa casa e ela o descreveu da mesma maneira — eu disse. — Mary Ann, *ela a descreveu exatamente como você*. Eu na verdade nunca acreditei nela.

Ela deu uma risada curta e disse:

— Você deveria ter dado ouvidos à sua mãe. — Então seu tom de voz mudou ligeiramente e senti uma seriedade que não estava ali antes. — Sim. Ela tem um baixo consumo energético. Ela não me preocupa.

— O quê?

— Ela não me preocupa.

— O quê? Ei, você disse que temos dois fantasmas na casa? E se você acabou de dizer que a mulher não a preocupa... — Não finalizei a sentença.

— Bem, vocês têm um outro espírito, um homem. Ele é mais jovem do que a mulher e está em sua casa há cerca de um ano apenas. Dele, eu não gosto. Não gosto nem um pouco. É meio encrenqueiro.

— Ele é *o quê*?

— Gary?

— Sim? — E assim que eu lhe respondi, senti a onda de eletricidade percorrer o meu corpo.

— Ele está de pé bem à sua direita agora.

Capítulo 9

Pessoas de todas as esferas da vida já encontraram fantasmas: desde pessoas comuns, cujos nomes estão perdidos para a história, até Santo Agostinho, que escreve sobre uma casa assombrada na seção de milagres do livro 22 de *A Cidade de Deus*; desde Abraham Lincoln até *Sir* Arthur Conan Doyle, o criador de Sherlock Holmes, e Joan Rivers. Dee Snider, da banda de rock *Twisted Sister*, recebeu a visita do espírito de seu falecido cunhado. (Dee cresceu em Baldwin, uma cidade perto da minha.)

Até Jesus recebeu a visita de um espírito.

Não estou brincando.

Em Lucas 9:28-36, conta-se a história de Jesus e sua única viagem a uma montanha.

Passados uns oitos dias, Jesus tomou consigo Pedro, Tiago e João, e subiu ao monte para orar.

Enquanto orava, transformou-se o seu rosto e as suas vestes tornaram-se resplandecentes de brancura.

E eis que falavam com ele dois personagens: eram Moisés e Elias, que apareceram envoltos em glória, e falavam da morte dele, que se havia de cumprir em Jerusalém.

Entretanto, Pedro e seus companheiros tinham-se deixado vencer pelo sono; ao despertarem, viram a glória de Jesus e os dois personagens em sua companhia.

Quando estes se apartaram de Jesus, Pedro disse: Mestre, é bom estarmos aqui. Podemos levantar três tendas: uma para ti, outra para Moisés e outra para Elias!... Ele não sabia o que dizia.

Enquanto ainda assim falava, veio uma nuvem e encobriu-os com a sua sombra; e os discípulos, vendo-os desaparecer na nuvem, tiveram um grande pavor.

Então da nuvem saiu uma voz: Este é o meu Filho muito amado; ouvi-o!

E, enquanto ainda ressoava esta voz, achou-se Jesus sozinho. Os discípulos calaram-se e a ninguém disseram naqueles dias coisa alguma do que tinham visto.

Reparou no espírito? É Moisés. Ele estava morto há muito tempo (Elijah é uma espécie de aberração e não se pode considerá-lo um espírito — ele supostamente nunca morreu, mas partiu para o grande além numa carruagem de fogo). E por que os amigos de Jesus não dizem nada a ninguém? Porque ninguém iria acreditar neles, é por isso. Mesmo naquela época, as pessoas suspeitavam de fantasmas.

Ora, não importa o que você sinta por Jesus, se gosta dele ou não, ou se é totalmente ambivalente; se acha que ele só fica bem como uma estátua de plástico no painel do carro, você tem que dar a mão à palmatória, ele era um contador de histórias surpreendente.

Suas parábolas, que eram histórias poderosas que ele contava para fazer as pessoas pensarem, não estão gravadas apenas na psique coletiva dos católicos ao redor do mundo, mas estão enraizadas na cultura ocidental também. Histórias como as parábolas do Bom Samaritano e do Filho Pródigo estão presentes em todas as crenças e credos.

REFLETINDO SOBRE OS ESPÍRITOS

Mas você sabia que Jesus também gostava de uma boa história de fantasma? Talvez esse encontro com o espírito de Moisés tenha influenciado a sua maneira de contar histórias. Quem sabe? Mas o conto não é encontrado em nenhum dos evangelhos gnósticos ou num desses pergaminhos descobertos repentinamente e que a *National Geographic* mantém na gaveta para usar em documentários bombásticos. Ele é encontrado na Bíblia.

No Evangelho de Lucas 16:19-31, Jesus reúne seus seguidores e lhes conta a história de Lázaro e o homem rico.

Havia um homem rico que se vestia de púrpura e de linho finíssimo, e vivia todos os dias regalada e esplendidamente.

Havia também um certo mendigo, chamado Lázaro, que jazia cheio de chagas à porta daquele; e desejava alimentar-se com as migalhas que caíam da mesa do rico; e os próprios cães vinham lhe lamber as chagas.

Quando o mendigo morreu, foi levado pelos anjos para o seio de Abraão; e morreu também o rico, e foi sepultado. E no inferno, ergueu os olhos, estando em tormentos, e viu ao longe Abraão, e Lázaro no seu seio.

E, clamando, disse: Pai Abraão, tem misericórdia de mim, e manda a Lázaro, que molhe na água a ponta do seu dedo e me refresque a língua, porque estou atormentado nesta chama.

Disse, porém, Abraão: Filho, lembra-te de que recebeste os teus bens em tua vida, e Lázaro somente males; e agora este é consolado e tu atormentado.

E, além disso, está posto um grande abismo entre nós e vós, de sorte que os que quisessem passar daqui para vós não poderiam, nem tampouco os de lá passar para cá.

E disse ele: Rogo-te, pois, ó pai, que o mandes à casa de meu pai, pois tenho cinco irmãos; para que lhes dê testemunho, a fim de que não venham também para este lugar de tormento.

Disse-lhe Abraão: Têm Moisés e os profetas; ouçam-nos.

O CRISTÃO E A CASA MAL-ASSOMBRADA

E disse ele: Não, pai Abraão; mas, se algum dentre os mortos fosse ter com eles, arrepender-se-iam.

Porém, Abraão lhe disse: Se não ouvem a Moisés e aos profetas, tampouco acreditarão, ainda que algum dos mortos ressuscite.

Você entendeu? O pobre homem rico, que desperdiçou a sua chance na vida, pediu a Abraão para ajudá-lo, enviando a Lázaro, um bom espírito, um fantasma se quiser, ao mundo dos vivos, para transmitir uma mensagem para seus irmãos, atormentá-los e forçá-los a se desviar do caminho em que estavam (assemelha-se muito à troca feita entre Jacob Marley e Ebenezer Scrooge em *Conto de Natal*, de Charles Dickens). Abraão, como fazia o tipo durão, recusa. Ele não acha que isso os beneficiaria. Não disse que seria impossível, só disse que não iria acontecer no momento. Isso me fez perguntar se o grande patriarca teria concordado em "assombrar" os irmãos do homem rico fazendo-os sentir algo como uma corrente elétrica transpassando sua espinha.

— Ai, meu Deus — eu gritei. Eu podia sentir a onda de eletricidade por todo o meu corpo. — Mary Ann, estou sentindo isso. É como se ele estivesse em cima de mim.

— É, ele não está muito feliz com você aí.

— Comigo? *O que eu fiz a ele?*

— É, não está nada feliz... — E então acrescentou — Ah, ele tem assustado o seu filho. Ele não quer dormir mais no quarto dele, não é?

— Não! — deixei escapar. — O que ele é? O diabo?

— Oh, não, não é o diabo, querido. Não é um demônio. Eu não posso ver esse tipo de espírito. Só posso ver o espírito das pessoas que já estiveram vivas. E esse definitivamente estava vivo. Ele tem uns 20 anos de idade*. Só está morto há cerca de um ano e tem ficado na sua casa desde então.

— Mas o fantasma da mulher é ruim também?

---

* A idade do homem foi alterada por motivos de privacidade.

— Não, ela não é ruim. Nem um pouco ruim. Nem o homem é. Ele não é um cara mau, é apenas travesso. Sabe que não deveria fazer o que faz, mas faz de qualquer maneira.

— O que eu devo fazer?

— Bem, *só não fale com eles*.

— Não falar com eles? Há espíritos na minha casa e não posso falar com eles?

— Querido, você não leu o meu livro? Se falar com eles, você lhes dará poder, então é melhor não reconhecer a presença deles. Ignore-os tanto quanto possível.

— Só isso? Como faço para me livrar deles?

— A que distância você está de Cleveland?

— Eu não sei, umas dez horas de carro, talvez.

— Você está perto de Baltimore?

— Não, Baltimore fica a cerca de quatro horas daqui.

— Ah, é muito longe. Eu vou para Baltimore na próxima semana, na casa de Edgar Allan Poe, para ver o que anda perambulando por lá, e achei que, se você estivesse por perto, eu poderia lhe fazer uma visita.

— Então o que eu faço?

— Me dê o seu endereço e eu vou lhe enviar algo pelo correio. É um incenso para defumar a casa. É feito de sálvia e *sweetgrass**. São ervas nativas americanas. O que você vai fazer é pegar o incenso e acendê-lo no fogo, mas faça isso com o incenso sobre uma panelinha ou um prato. Não quero que bote fogo na casa. Então assopre um pouco para avivar a chama e o que vai acontecer é que o incenso vai começar a soltar fumaça. Ei, você tem alergia a incenso?

— Não.

— Ótimo. Mas você tem filhos pequenos, não tem? É melhor que eles e a sua esposa fiquem na casa de alguém durante uma noite, enquanto você faz isso. O cheiro pode ser muito forte para eles.

Assegurei-a de que faria isso.

---

* Hierochole odarata. (N. da T.)

— Então, quando começar a sair fumaça, quero que você comece a defumar a casa a partir de cima. Você tem um sótão, não tem?

— Tenho.

— Comece pelo sótão, e quero que você reze um pai-nosso e contorne, com o incenso, todas as janelas e portas da sua casa. Cada uma delas. As portas dos closets, as portas de todos os cômodos, as portas que levam para dentro e para fora da casa. Você tem três portas para entrar em casa, não tem?

— Não, duas.

— Tem certeza? Estou captando três.

Pensei por um momento.

— É, está certo. Acho que há uma porta atrás de uma parede que foi coberta com gesso quando o banheiro foi adicionado à casa. Eu a vi quando reformamos o cômodo depois que Grace e eu viemos morar aqui há alguns anos.

— Pode ser essa porta, mas estou começando a captar outra coisa. Você tem um espelho velho na casa? Um espelho que não era seu originalmente?

Ela estava certa de novo. Havia um espelho antigo e assustador no banheiro de baixo, que meu pai tinha achado no lixo muitos anos antes e trazido para casa. Minha mãe detestou-o, mas meu pai o instalou no banheiro mesmo assim. Nunca pensei em trocá-lo depois que Grace e eu nos mudamos.

— Tenho, sim — respondi. — Como você sabe?

Ela apenas riu.

— É o meu trabalho, meu bem.

— O que tem o espelho?

— Bem, você nunca sabe o que o dono original pode ter feito com o espelho ou que tipo de pessoa olhava para ele todos os dias. Tudo tem energia e deixa para trás rastros de energia que podem se acumular num espelho. E isso não é tudo, às vezes as pessoas usam espelhos em cerimônias para brincar com coisas que não conhecem direito. Mas não se preocupe com isso.

— *Como assim? Não se preocupe com isso?* Como posso não me preocupar com isso? Basta me dizer para eu não me preocupar para eu começar a me preocupar.

— Vai ficar tudo bem, querido. Não se preocupe. Diga-me, você tem muitas antiguidades na casa?

— Não.

— Coisas que adquiriu em vendas de garagem?

— Não. Espere. Sim. Na verdade, temos, sim. Minha mãe ainda frequenta essas vendas de garagem e cada vez que nos visita ela nos traz coisas que comprou. Normalmente artigos religiosos.

— Ah, isso não é bom. As pessoas simplesmente não sabem o que estão trazendo para casa quando fazem isso. Não estou dizendo que você não deva ter nada de segunda mão, mas, quando trazemos pertences de outras pessoas, às vezes trazemos também a energia dessas pessoas. Você nunca sabe o que vem junto com um objeto como um anel ou uma imagem ou uma estátua. Você simplesmente não sabe.

— É uma espécie de relíquia, mas só que ao contrário, certo?

— Exatamente. O mesmo princípio. A relíquia está imbuída da santidade da pessoa que a carregava com ela. Nem todos são tão santos quanto os santos. — Ela fez uma pausa e então disse — Isso é o que eu quero que você faça. Quero que você pegue um pulverizador, encha-o com água e uma colher de sopa de sal marinho, e então quero que pulverize os cantos da casa e esses objetos que entraram na sua casa. Não se preocupe, no momento em que você acabar, já estará tudo bem na casa.

— E o que a fumaça faz?

— Isso é chamado de defumação, e por algum motivo a fumaça acalma os espíritos, basicamente esgota a energia deles. Vai ajudá-los a fazer sua transição. Precisamos acalmá-los para que eles possam ir para a luz.

— Assim como quando o padre queima incenso num funeral. Ele está ajudando o espírito a ascender para o céu e seguir em direção à luz de Deus.

Ela riu.

— Ei, você é bom, querido. É isso mesmo.

Então ela perguntou:

— A sua casa já foi abençoada?

— Já, alguns anos atrás. Mas, espere, por que isso não bastou para nos livrar do espírito feminino que fica no andar de baixo?

— O padre tem de saber o que ele está abençoando. Quando apenas faz uma bênção geral, ele simplesmente abençoa o espírito também.

— Posso fazer mais uma pergunta?

— Claro que você pode.

— Por que os espíritos estão aqui?

— Ah, querido, eu não sei. Eles não estão falando comigo agora. Não que não farão isso mais tarde, mas não estão dizendo nada agora. Às vezes os espíritos simplesmente procuram um lugar onde há uma grande concentração de energia. Às vezes as pessoas os convidam para entrar, trazendo um objeto para casa que tem uma ligação com eles. É difícil dizer. Às vezes existe uma razão e às vezes, não.

Percebi que, enquanto estávamos falando, a sensação elétrica desapareceu e eu nem notei.

Dei o meu endereço a Mary Ann, agradeci e combinamos de voltar a nos falar depois que eu tivesse defumado a casa, para que ela pudesse me dar mais instruções sobre como afastar os espíritos. Desliguei o telefone e recapitulei a nossa conversa mentalmente, completando as anotações que eu tinha feito enquanto nos falávamos.

Eu estava muito emocionado. Acreditei nela e, embora possa parecer ingenuidade acreditar com tanta facilidade no que ela estava me dizendo, senti uma paz dentro de mim que não sentia há um ano.

Desci as escadas e contei a Grace que eu tinha travado uma ótima conversa com Mary Ann, que era uma pessoa tão calorosa, agradável e engraçada que eu senti como se fosse minha segunda mãe. Grace me perguntou o que ela tinha dito, e eu disse que iria contar depois que as crianças fossem dormir.

— Você quer dizer que temos *dois fantasmas na nossa casa*?

— Foi o que ela disse. — Eu tinha contado a ela tudo o que Mary Ann tinha me transmitido, e ela se sentou e ouviu pacientemente.

— E você acredita nela?

REFLETINDO SOBRE OS ESPÍRITOS

— Acredito.

— Então o que devemos fazer?

Contei a ela sobre o plano de fazer uma limpeza energética na casa com a defumação.

— Eu não gosto disso.

— Qual é o problema? Os padres fazem isso nos funerais. O que você acha que estão fazendo quando balançam o incensório em torno do caixão?

— Mas você não é um padre. O que você vai fazer? Começar a abençoar bolacha água e sal e dar a Comunhão, também?

Uau! Ela me pegou nessa.

— Tudo vai ficar bem. Eu prometo.

Ela olhou para mim e percebi que não estava zangada. Estava com medo.

— Olha, eu não estou dizendo que você deva acreditar nela. Talvez ela esteja certa. Eu só não gosto desses tipos de coisa.

Eu assenti com a cabeça, compreensivo, mas estava convencido e pronto para fazer tudo o que Mary Ann dissera. Olhei para Grace, e, imitando Indiana Jones, disse:

— Confie em mim.

Naquela noite pensei em minha mãe e nas suas histórias de anjos e do fantasma que vivia em nossa casa. Ela nunca mais foi a mesma depois do assassinato de Christopher Gruhn — era como se o diabo tivesse roubado uma parte da sua alma. Ao longo de quinze dias a polícia procurou o assassino e durante todo esse tempo minha mãe chorou e quase não falou conosco. Eu sabia que, por dentro, ela de algum modo se culpava. Ela tivera uma visão, como ocorrera em muitas ocasiões diferentes, e tinha visto algo mentalmente, algo terrível, e não sabia como interpretar ou o que fazer. Nas semanas seguintes, ela procurou alguns dos padres e freiras da nossa comunidade para falar sobre o que tinha acontecido e sobre as visões que tivera. Mas eles não entenderam o que ela estava falando nem sabiam como lidar com ela. Alguns deles foram compreensivos e a ouviram pacientemente. Outros achavam que ela precisava de um psiquiatra. Outros ainda lhe disseram que as visões não eram reais. Eu queria ajudá-la, mas também não sabia o que fazer. Tentava prestar atenção nela durante os períodos em que saía da sua concha, mas isso não a ajudava em nada. Eu podia ver que ela precisava de uma resposta, mas não havia respostas, pelo menos, não da parte de algum de nós. Por fim, minha mãe parou de falar sobre o assunto e retraiu-se. Eu sei que ela se sentiu abandonada por Deus, deixada sozinha pelo ser que mais amava neste mundo. E, embora ela nunca tenha me dito isso, tenho certeza de que se sentiu abandonada por mim também.

Nos dias após o assassinato, Rockville Centre se transformou numa verdadeira cidade fantasma à noite. Os filhos ficavam em casa com os pais, as cortinas e persianas estavam sempre fechadas. As pessoas nas mercearias pareciam andar rápido, sem fazer contato visual com os outros. Carros de polícia percorriam as ruas à noite como nunca antes. Não se sabia quem poderia ter feito tal coisa ou se o assassino iria atacar novamente. As pessoas falavam que aquele tipo de coisa nunca tinha acontecido em Rockville Centre. Mas elas estavam erradas.

Em 10 de maio de 1983, Robert W. Golliver, um rapaz de 17 anos de idade, foi preso e um ano depois condenado por assassinato. Ele morava do lado da casa de Christopher Gruhn.

No dia seguinte ao que falei com Mary Ann ao telefone, liguei para Peggy para contar tudo o que tinha acontecido e, embora ela tenha ficado animada para ouvir a história, não podia falar muito ao telefone. Eu então liguei para uma amiga de outra editora, que eu sabia que adorava esse tipo de coisa, e relatei os acontecimentos da noite anterior. Ela acreditava plenamente em fenômenos paranormais e, enquanto estávamos no telefone, fez uma rápida pesquisa no Google à procura de sites que pudessem fornecer alguma das informações que Mary Ann tinha repassado para mim. Depois de alguns minutos, ela disse:

— Eu encontrei o seu fantasma. Bem, pelo menos um deles. Vou enviar o que achei para você.

Eu esperei um instante, vi o e-mail dela aparecer na tela do computador, cliquei para abri-lo e li a história de um homem de 20 anos de idade,

REFLETINDO SOBRE OS ESPÍRITOS

chamado Peter Smith, que sofrera um acidente de carro no dia 7 de março de 2007. Ele havia perdido o controle do carro e se chocado contra outro veículo, ferindo o motorista. Naquela mesma noite, foi declarado morto num hospital da região, não muito longe de onde eu morava. Eu li o artigo mais uma vez rapidamente e dessa vez notei algo que provocou calafrios na minha espinha. O homem era de Merrick*.

Fiquei de boca aberta. Eu não sabia o que pensar. Era estranho. Aquilo parecia coincidir perfeitamente com o que Mary Ann tinha dito ao telefone. E a época do acidente também batia. Eu tinha começado a ter a sensação estranha no quarto de Eddie no início de março daquele ano e, embora Merrick não fosse o nome do sujeito, era o lugar onde ele morava. Eu estaria me agarrando a conjecturas ou o espírito daquele homem poderia realmente estar na minha casa? Eu não conhecia Peter Smith e tinha certeza de que nunca o havia conhecido, mas algo me parecia estranhamente familiar — eu só não sabia o quê.

— É sinistro — minha amiga tinha dito. — Tudo se encaixa.

— É, eu comecei a sentir coisas em casa em março...

Uma onda de pânico tomou conta de mim.

— Meu Deus! — exclamei. — O artigo diz 7 de março, certo?

— Sim, por quê? O que aconteceu em 7 de março?

— Eu não sei. Volto a te ligar mais tarde.

Desliguei o telefone e disquei rapidamente o número de Grace. Ela atendeu no primeiro toque. Eu não sabia como dizer aquilo, então simplesmente comecei.

— Grace, me desculpe, mas eu tenho que perguntar uma coisa.

— O quê? — ela perguntou.

— Quando você abortou?

— No ano passado. Por quê?

---

* Este acidente realmente aconteceu. Eu mudei o nome da vítima e sua idade e substituí o nome da cidade para proteger a privacidade da família. Mas é importante observar que essa substituição é coerente com as alterações feitas nas páginas 116 e 122. A idade real e o nome que Mary Ann Winkowski utilizou durante a nossa conversa telefônica inicial eram as mesmas que li no artigo aquele dia, no meu escritório.

— Eu sei que foi no ano passado, mas quando no ano passado?

— Em março. Por que está me perguntando isso?

— Que dia de março?

— Espere um pouco. Eu ainda tenho a papelada.

Ela largou o telefone e eu esperei, relendo o artigo que estava no meu computador. Por que tudo isso parecia tão familiar e por que eu estava quase em pânico agora?

— Ok, já peguei.

— O que diz?

— Dia 7 de março de 2007.

— E quando Charlie deveria nascer? Qual era a data prevista do parto?

— Dia 7 de março de 2008. — Ela fez uma pausa. — Eu nunca tinha notado que era a mesma data. Que estranho!

Olhei para o artigo na tela, fechei os olhos e disse:

— E vai ficar mais estranho ainda...

PARTE III

Eterna Saudade

Lembre-se, ó Senhor, Deus dos Espíritos e de toda a Carne, daqueles de quem nos lembramos e daqueles de quem não nos lembramos.
— *Liturgia de São Tiago*

Capítulo 10

Transmigração de almas é um conceito presente em muitas culturas e religiões de todo o mundo. Conhecida também como reencarnação, trata-se de uma crença segundo a qual, quando o espírito se separa do corpo no momento da morte, ele fica no plano espiritual um tempo e, por fim, faz o seu caminho de volta à Terra, no corpo de um bebê. A crença no karma — ou o balanço entre boas ações *e* más ações é que determina o que acontece com você depois da morte — e a crença em *samsara*, a roda do renascimento, prevalece no hinduísmo e no budismo, embora existam versões em outras religiões também.

Nas tradições védicas, a roda eternamente em movimento abrange seis estados da encarnação: deuses, forças elementares como o vento e o fogo; seres humanos; animais; os assustadores *pretas*, ou "espíritos famintos, criaturas purgatoriais limitadas por seus desejos insatisfeitos que vagam pelo mundo até que algo quebre esse ciclo; e os habitantes do inferno, que, ao contrário da versão do cristianismo, é um lugar temporal, uma espécie de purgatório mais severo. Embora a ideia não esteja presente nas principais seitas do judaísmo de hoje, *gilgul* é o termo hebraico místico usado na cabala e que significa transmigração de uma alma de um corpo para outro. Até mesmo os primeiros cristãos gnósticos acreditavam nesse conceito, citando a passagem do evangelho de Mateus em que Jesus se refere a João Batista como sendo o novo Elias (embora, hoje em dia, uma simples menção à crença na reencarnação seja suficiente para você ser chutado para fora da igreja).

Eu de fato nunca pensei muito em reencarnação. Sendo católico, acreditava que todo mundo que já viveu um dia era uma criação nova, saída diretamente da "montadora", sem peças usadas. Mas o que acontece a uma alma depois que ela se separa do corpo? Viaja por alguma superestrada espiritual, mais rápido do que a velocidade da luz, até chegar ao próximo destino? Se muitas pessoas morrem no mesmo dia, será que ocorre um congestionamento igual ao que acontece nas marginais, nas tardes de sexta-feira? Será que as almas se cruzam, contam suas histórias umas para as outras e visitam os parentes, apenas para ver como eles estão?

Todas essas perguntas e ideias giravam na minha cabeça enquanto eu esperava o pacote de Mary Ann chegar, nos dias que se seguiram ao telefonema.

Eu acordava todas as manhãs e rezava o terço e pedia para Nossa Senhora me ajudar a entender tudo aquilo. Se o espírito de Pedro Smith estava na nossa casa, era apenas uma coincidência ele haver morrido no mesmo dia em que Grace abortou? E teria sido só uma coincidência que o parto de Charlie tivesse sido previsto para o mesmo dia, um ano depois? Pensei no Papa João Paulo II, segundo o qual coincidências não existem. Se não existiam, então o que estava acontecendo? Tudo isso era perturbador para Grace e trouxe de volta lembranças ruins do ano anterior. Ela não sabia em que acreditar e, para ser honesto, eu também não sabia.

A casa tinha ficado mais tranquila nos últimos dias. Eddie ainda ficava longe do seu quarto, mas não ouvíamos sons ou ruídos estranhos, nem pequenas perturbações elétricas, nem sombras pela casa. Tudo parecia em paz como há muito tempo não acontecia. Só para garantir, nós quatro estávamos todos dormindo no mesmo quarto e Charlie nos acordava de madrugada três ou quatro vezes por noite, mas isso era normal.

A caixa chegou na semana seguinte e dentro dela havia dois maços de sálvia e de *sweetgrass* de quinze centímetros de comprimento, amarrados com um barbante. Ao ver tudo aquilo, Grace começou a balançar a cabeça para mim.

— Você realmente quer fazer isso? Você vai se queimar — disse ela.

Eu estava nervoso e perplexo e queria acabar com tudo aquilo logo, mas tenho que admitir que fiquei curioso sobre o que estava para acontecer. Será que ocorreria alguma mudança na casa? Será que eu realmente veria um espírito se materializar? Acabaria coberto de meleca verde, como Bill Murray em *Os Caça-Fantasmas*? Eu queria descobrir, e queria descobrir rápido.

Eu lhe assegurei de que tudo ficaria bem, mas ela não estava convencida.

— Então o que você vai fazer? Um exorcismo ou coisa assim?

— Eu não sei. Nunca pensei nisso nesses termos. Mary Ann disse que isso vai ajudá-los a fazer sua transição, mas acho que é como um exorcismo. Quer dizer, Mary Ann disse que eles não eram maus, por isso talvez não seja um exorcismo. Simplesmente não sei.

— Eu sei que quer se tornar um diácono um dia, mas você não sabe o que está fazendo. Não acha que um padre devia fazer isso?

Eu me senti insultado. Talvez ela estivesse certa. Talvez eu estivesse brincando com fogo, mas não me importava. O orgulho brotou dentro de mim. Um padre tinha vindo à nossa casa alguns anos antes, e se na época a sua bênção não tinha conseguido nos livrar do velho fantasma da mulher, quem podia afirmar que ele conseguiria agora? Olhei para Grace por um momento com um ar de desafio antes de dizer:

— Vou fazer isso eu mesmo.

O incenso, de acordo com o teólogo John Hardon, é uma "goma ou resina aromática na forma de pó ou grãos, que solta uma fumaça perfumada quando queimada. Quando abençoado, torna-se um sacramento simbólico. A sua queima simboliza zelo ou fervor; a sua fragrância, virtude; a sua fumaça, orações humanas ascendendo a Deus".

Embora o que eu estivesse acendendo perto do fogão não fosse exatamente um incenso, com certeza tinha um cheiro forte, e imaginei os fantasmas sentindo o cheiro dele e relaxando num futon espectral, me agradecendo pela "fumaça do bem", com um suave "Valeu, cara".

Grace e os meninos estavam hospedados na casa da mãe dela e eu comecei a me arrepender de ter acendido aquilo quando a chama ultrapassou o maço de ervas. Eu estava sozinho e tinha dito a Grace que ia fazer tudo sozinho, mas aquilo tinha sido uma meia-verdade. Eu estava assustado e não fazia ideia em que estava me metendo. Não queria admitir para Grace, mas não estava a fim de fazer aquilo sozinho. Tinha ligado para algumas pessoas no início do dia para ver se elas poderiam ficar comigo enquanto eu defumava a casa. Foi quando percebi que não tinha amigos. As pessoas ou não retornaram a minha ligação ou, se retornaram, diziam algo do tipo:

— Ei, cara, adoraria te ajudar, mas minha esposa não quer que eu leve nada para casa comigo, então tenho que recusar.

Covardes.

Eu apaguei a chama do incenso batendo-o contra uma tampa de alumínio, e a fumaça aumentou. Deixei-o sobre o fogão e andei pela casa sem rumo por algum tempo. Hábito que eu tinha quando estava nervoso. Eu me senti como o velho cão da minha avó, Puppy, um cão cego de um olho, com a cauda quebrada e com um caso grave de mau hálito, que andava em círculos quando estava ansioso (e, ocasionalmente, batia a cabeça do lado do olho cego). Mas não era só eu. A casa tinha uma atmosfera pesada e sufocante, que fazia eu me sentir tenso e inquieto, como se estivesse sendo vigiado.

Depois de alguns minutos fui até a cozinha e peguei a panela, o defumador, uma caixa de fósforos e meu rosário, que pendurei no pescoço, e subi até o segundo andar. Ouvi cada rangido a cada passo que eu dava e lembrei-me do meu pai me dizendo, quando eu era menino, que as casas velhas eram tão flatulentas quanto os homens velhos. Bem, essa casa tinha gases e, quando eu subia, pensei ter visto uma sombra se movendo pelo corredor em direção ao banheiro, mas rapidamente disse a mim mesmo que era só minha imaginação (embora eu na verdade não tivesse muita certeza).

Estava assustado e comecei a recitar o pai-nosso mentalmente. Mas, afinal de contas, com o que eu estava preocupado? Eu confiava em Mary Ann. Ela tinha me dito que os espíritos não eram ruins e eu acreditei nela. Então não tinha nada a temer, certo?

Eu estava no topo da escada e tudo parecia mais intenso — a luz do banheiro, as sombras nos cantos, o roçar dos tecidos da minha roupa quando eu transferia o meu peso de um pé para o outro. Fiquei por um momento tentando ouvir alguma coisa, mas não ouvi nada. Girei a maçaneta e, quando abri a porta do sótão, um longo rangido soou na dobradiça. Eu balancei a cabeça.

— Ah, que maravilha... — pensei. Então me perguntei se deveria descer para pegar uma lata de lubrificante. (Eu me distraio facilmente.) Subi as escadas e, quando cheguei ao topo, risquei um fósforo e acendi o incenso novamente.

Eu podia sentir o coração batendo nos ouvidos e meus ombros estavam tensos e rijos. Prendi a respiração por um momento e, então, sem ver, ouvir ou sentir nada, relaxei e soltei o ar dos pulmões. Com um fluxo constante de espiral fumegante saindo do incenso, eu me virei para a janela que dava para o lado norte da casa e, olhando para fora, pude ver as árvores de aparência artrítica ao longo da Hillside Avenue, nua e cinza contra o azul gélido do céu. Levantei o incenso e comecei a contornar a moldura da janela, entoando: "Pai nosso que estais nos céus, santificado seja o teu nome", enquanto a fumaça de cheiro adocicado subia em torno da janela, em direção ao teto.

Pensei ter ouvido alguma coisa atrás de mim e, voltando-me, olhei à minha esquerda e à minha direita, esperando ver algo, uma sombra, uma pessoa, um demônio, um Smurf, qualquer coisa. Ali havia apenas caixas de roupas e livros velhos acondicionados em malas. Comecei a andar lentamente por toda a extensão do sótão e, na metade do cômodo, a fumaça, que momentos antes estava forte e fragrante, se extinguiu. Achei que o incenso tinha simplesmente parado de queimar, então acendi novamente e pude sentir uma mudança no cômodo, um arrepio sutil. Fui até a janela, olhei para a catedral, passei a rezar a ave-maria e contornei a janela com a fumaça.

Andei por todo o sótão, desci as escadas e comecei a defumar cada canto de cada quarto e as janelas e portas também. Estava esperando que no quarto de Eddie eu fosse sentir alguma coisa diferente, mas foi tranquilo. A sensação inexplicável que eu tinha sentido durante tantos meses tinha desaparecido. Andei até o fundo do quarto e fiz o mesmo rezando e contornando portas e janelas. Repeti o processo no quarto principal e ao longo do corredor, e a seguir fui para o banheiro.

Quando estava prestes a atravessar a porta, a fumaça do incenso voltou a diminuir e eu senti aquela sensação fria de eletricidade se volumar sobre mim. Desta vez, ela não corria só pelas minhas costas, parecia envolver cada parte do meu corpo. Tentei afastá-la de mim chacoalhando como um cachorro molhado depois da chuva. O sentimento era tão intenso que, ignorando o que Mary Ann tinha me dito sobre falar com fantasmas, gritei:

— Vá pro inferno e pra longe de mim! — Lá fora ouvi um cachorro latindo e tive certeza de que era apenas uma coincidência, mas o som me sobressaltou ainda mais do que o que estava acontecendo dentro da casa. Tentando ignorar tudo ao meu redor, defumei as janelas, a porta e o espelho e, em seguida, desci as escadas.

Defumei o primeiro andar da casa e desci para o porão. Quando acabei, peguei a panela e o que restou do defumador e deixei-os ao ar livre, no quintal.

Tinha começado a chuviscar e eu fiquei lá fora respirando a chuva e o ar fresco. Eu cheirava a um churrasco da Nova Era, e quando a chuva começou a apertar, entrei e andei pela casa. Tudo parecia tranquilo. Fiquei pensando sobre o incidente no banheiro e na sensação da intensa corrente elétrica. Estava cansado, então me deitei no sofá e adormeci.

Eu não estava dormindo há muito tempo quando acordei e lembrei por que a história de Peter Smith me parecia tão familiar.

ETERNA SAUDADE

John Hardon sobre maldições:

A maldição é a evocação do mal sobre alguém ou alguma coisa. Na Bíblia, a maldição é muitas vezes uma oração de imprecação. Os judeus sabiam que não poderiam restringir o Todo-Poderoso, mas apenas evocá-lo pela oração. Ao contrário dos encantamentos mágicos de seus vizinhos, os antigos judeus acreditavam que Javé poderia reverter uma maldição com a sua bênção, preservar uma pessoa piedosa de uma maldição não merecida, transformar a bênção de um sacerdote indigno em maldição e, ao contrário, transformar a maldição de uma pessoa humilde em virtude da sua mansidão.

Em geral, a má intenção de uma maldição só entra em ação quando essa é a vontade de Deus.

Eu não sei ao certo se evoquei o mal sobre alguém, mas posso ter chegado perto. Dois dias após o aborto de Grace, deparei-me com a história de um homem chamado Peter Smith, de Merrick, que duas noites antes tinha morrido ao perder o controle do carro. Presumi, pela reportagem, que ele estava em alta velocidade.

O aborto de minha esposa estava em primeiro plano na minha mente e, quando li a história, fiquei cada vez mais zangado com o homem por ter sido tão imprudente. Não só por ter se matado, mas por quase matar outro motorista. Pensei sobre o desperdício de vida — e a vida perdida do bebê que eu e Grace nunca conheceríamos — e pensei sobre os pais do homem e da dor que deviam estar sentindo ao saber que o filho estava morto.

Será que o homem era casado? Será que tinha um filho? Eu não fazia ideia, mas me lembrei de ter exclamado em voz alta:

— Seu idiota! Que diabos você estava pensando? — Minhas palavras, frívolas e petulantes, foram proferidas com veemência.

Será que o espírito de Peter Smith tinha ouvido o que eu disse sobre ele? Será que os pensamentos e as palavras viajam de maneiras diferentes no mundo dos espíritos? Ou será que as palavras e os pensamentos têm um poder que não conseguimos entender totalmente hoje em dia? Os antigos acreditavam no poder das palavras para destruir e controlar, e é por isso que no judaísmo você nunca está autorizado a dizer o nome de Deus. As palavras têm poder. Pensamentos têm poder. Talvez a ideia do *malocchio*, o mau-olhado, não fosse apenas uma mera superstição, mas algo real, verdadeiro e destrutivo. Talvez cada pensamento negativo seja como um ataque espiritual destinado a outro indivíduo. Será que a raiva que senti de um total desconhecido tinha mantido esse homem preso entre este mundo e o outro? Foi por isso que Mary Ann disse que ele estava descontente comigo? Era por isso que estava me assombrando? Mesmo que tudo o que Mary Ann tinha dito fosse um bom chute, não havia como ela saber que eu tinha feito isso. Ninguém tinha me ouvido. Eu estava sozinho. Ou não estava? Será que o espírito desse homem estava de pé ao meu lado? Será que ele tinha vindo escoltar a alma do feto de Grace para outro lugar? E se ele tivesse vindo confortá-la? Ou me confortar? E eu o tinha criticado com a minha falta de compaixão? Ou ele estava ali por uma razão totalmente diferente, em que eu nem tinha pensado?

A emoção brotou dentro de mim. Não porque eu estava com medo, mas porque estava muito triste. Naquela noite orei pedindo perdão, não a Deus, mas a Peter Smith.

Capítulo 11

Na manhã seguinte acordei, me vesti e fui pegar Grace e os meninos. Embora eles só tivessem ficado ausentes metade de um dia, eu sentia falta deles. Ao chegar, envolvi Eddie em meus braços por um longo tempo e segurei Charlie no colo até a hora de sairmos da casa da minha sogra.

Quando chegamos em casa, tudo estava em silêncio. Ela ainda cheirava a sálvia e *sweetgrass*. Grace gostou. Eddie quase vomitou, mas, depois de alguns minutos, ele se adaptou ao cheiro. Mais tarde naquela mesma noite, enquanto os meninos estavam tirando uma soneca, contei a Grace sobre tudo o que tinha acontecido no dia anterior.

— Então foi você quem trouxe tudo isso para a nossa casa?

— Eu não sei. Talvez. Não é culpa minha.

— É culpa sua, sim.

— Ok, você está certa, mas como eu ia saber que as palavras têm poder?

— Você trabalha com livros. Deveria saber o poder que as palavras têm. Paus e pedras podem quebrar os seus ossos, mas palavras vão mandar você para o inferno.

— Boa observação.

— Então, se realmente temos fantasmas em casa, isso significa que eles nos observam o tempo todo?

— Eu não sei. Acho que sim.

— Então isso significa que eles nos veem no banheiro.

— Eu acho que sim.

— Nossa! Isso é bizarro! — Ela estava com nojo. — Será que você pode fazer o que é preciso para tirá-los daqui, por favor?

— Estou me esforçando para isso.

Mary Ann recomendou que eu esperasse alguns dias, depois da defumação, antes de telefonar para ela. Foi exatamente o que eu fiz. Enquanto Eddie estava brincando no andar de baixo e Grace preparava o jantar na cozinha, fui para o quarto dos fundos da casa, no andar de cima, que usávamos como uma pequena sala de leitura (embora ninguém nunca lesse nada ali). Disquei o número dela e, depois de alguns toques, ela atendeu. Eu a cumprimentei, perguntei como ela estava e ela me contou sobre Baltimore e Edgar Allan Poe por alguns minutos. Então me perguntou como eu passava. Relatei os acontecimentos do dia da defumação, contando que tinha começado pelo sótão e defumado toda a casa até o porão. Ela escutou em silêncio e depois perguntou se eu tinha contornado todas as janelas e portas e todos os cantos e feito todas as minhas orações; eu disse que sim. Também contei que o incenso tinha apagado em duas ocasiões.

— Ah, então você os pegou! — exclamou ela.

— Peguei-os?

— Você deve ter passado exatamente por onde eles estavam. O incenso geralmente apaga quando se descobre o esconderijo deles. Você não leu meu livro?

— Li, claro. Mas não me lembrava dessa parte.

— No final do livro eu falei sobre a defumação e o que pode acontecer se você tiver um espírito preso à terra. Acho que talvez você tenha pegado o espírito do homem, porque ele não está mais aí agora.

— Quer dizer que ele saiu da casa? Numa boa?

— Bem, não sei. Acho que não. Só não estou captando a presença dele agora. Você sabe que às vezes eles podem sair e voltar. Nós apenas queremos ter certeza de que eles saiam e não voltem, se é que você me entende.

— Mary Ann, então, me perguntou:

— Você está no segundo andar, na parte de trás da casa?

— Estou — eu disse. Como diabos ela sabia?

— Mas que cômodo mais estranho...

— O quê?

— Ele tem quatro portas, não é?

— Como sabe? Sim, ele tem quatro portas. Uma para o armário, uma para as escadas que vão até a cozinha, uma para o corredor e uma para o quarto do meu filho Eddie.

— Sorte sua, querido — ela riu. — E você está sentado num sofá, não é?

— Estou.

— Interessante... — ela disse, com uma voz reticente.

— Você me assusta, Mary Ann, quando fala assim.

— Sinto muito, querido. Acontece apenas que o homem está de volta e a mulher está por perto também, e eles estão de pé na porta que leva ao quarto do seu filho.

— O quê?

— Sim, eles estão bem ali.

— Por quê?

— Bem, estão um pouco fracos por causa da defumação. Você sabe, eles não gostam desse tipo de coisa.

— Então, o que querem?

— Não sei, apenas estão ali.

— Sei que você disse para não falar com eles, mas será que eu não poderia fazer isso?

— Bem, você pode tentar, se quiser.

— Você pode me dizer o que eles responderem?

— Vou tentar, querido.

— Então o que eu faço? Faço perguntas e você vai tentar ouvi-los?

— Se responderem, eu vou. O homem ainda está um pouco chateado com você, mas não tanto quanto na ocasião em que me ligou pela primeira vez. A mulher não está chateada. Ela só parece cansada.

— Então, espere, Mary Ann, acho que sei o nome dele.

— Ele diz que é Peter.

Eu fiquei pasmo. Contei à Mary Ann que a minha amiga tinha feito uma pesquisa no Google e encontrado alguém que se ajustava à descrição do homem. Merrick não era o nome dele, mas da cidade onde morava.

Senti a onda de eletricidade passar por mim novamente e Mary Ann respondeu:

— Ele acabou de ir embora.

— Ele está bem?

— Está aborrecido. Acho que está se preparando para fazer sua passagem. A mulher, no entanto, até gosta de você. Ela está ao seu lado há muito tempo.

— Bem, qual é o nome dela?

— Não está dizendo. Ei, você disse que estava sentado num sofá, certo?

— Certo.

— Deve haver uma caixa ao lado do sofá. Uma caixa de papelão. O que tem dentro dela?

— Sério, como você faz isso? Eu tenho uma daquelas caixas de armazenar coisas ao lado do sofá.

— Ela está fazendo charadas. Está se divertindo com você.

— Bem, é bom saber que ela gosta de brincar.

— Hmmmm, ela continua apontando para a caixa. O que tem dentro da caixa?

— Nada. Está vazia.

— Você tem certeza?

Apanhei a caixa e virei-a ao contrário.

— Sim, não há nada. Nem poeira. Eu já te contei o quanto a minha esposa limpa esta casa?

— Tenho certeza disso.

Eu podia ouvir Mary Ann pensando.

Lenta e suavemente, ela repetiu a palavra "caixa" algumas vezes.

— Caixa, caixa, caixa. Espere! O nome dela é Caixa em inglês, "Box".

— O nome dela é Box? Como a lanchonete Jack in the Box?

— É, Box.

— Você tem certeza?

— Tenho, ela está balançando a cabeça. É Box!

— Nunca conheci ninguém com esse nome antes. É o primeiro nome ou o sobrenome?

— Sobrenome.

— Qual é o primeiro nome?

— Ela está sorrindo. Está gostando da brincadeira.

— Ela pode simplesmente me dizer?

— Não. Ela quer que você descubra.

— E como é que eu vou fazer isso?

— Continue brincando, eu acho. Ah, ela está apontando para o sofá agora.

— Então o nome dela é Sofá Box? Parece um daqueles hippies que moravam nesta casa. Achei que você tinha dito que ela morreu por volta da virada do século.

— Não, o nome dela não é Sofá. Espere, ela quer que você adivinhe uma cor. É por isso que está apontando para o sofá.

— Azul.

— Não, não é isso.

— Sim, é. Estou num sofá azul.

— Ela quer que você diga o nome de outra cor.

— Outra cor? Jura? Sei lá, verde?

— É! Verde. É isso aí. Ela está dizendo que é verde.

— Então o nome dela é Verde Box?

— Não, não, não. Verde é outra coisa. Verde é o lugar onde está enterrada. Ela quer que você saiba que ela está enterrada num lugar verde.

— Um cemitério.

— Não. Quer dizer, sim, um cemitério, mas que tem "verde" no nome.

— Não sei — eu disse. Tentei pensar. Eu conhecia bem a maioria dos cemitérios de Long Island e Queens. Afinal, minha mãe era filha de um coveiro; sua ideia de diversão era nos levar para visitar cemitérios nos fins de semana. Às vezes fazíamos piqueniques lá, mas na maioria das vezes apenas passávamos a tarde vagando entre os túmulos à procura das lápides mais assustadoras que conseguíamos encontrar.

— Prado Verdejante? — eu perguntei.

— Não, não é esse nome.

— Vale dos Pinheiros? Os pinheiros são verdes.

— Não, não é Vale dos Pinheiros.

— Espere, ela está mesmo enterrada por aqui?

— Ela está dizendo que sim. Está dizendo que não viveu aí. Ela morou em outra cidade, mas está enterrada não muito longe da sua casa.

— Eu não sei, Mary Ann. Tenho certeza de que não há nenhum cemitério por aqui com "verdes" no nome, exceto o Prado Verdejante e eu nem tenho certeza se fica em Long Island.

— Não, ela está sendo categórica. "Verde" é definitivamente o nome do lugar.

— Eu simplesmente não sei.

— Campo — Mary Ann disse.

— Campo Verdejante?

— Não, campo verde.

— Espere. Ela não está enterrada num cemitério? Foi assassinada? Está num campo verde em algum lugar?

— Um campo verde, um campo verde — Mary Ann repetia para si mesma. — Espere — ela gritou. — Campos Verdes é o nome do cemitério.

— Campos Verdes?

— Isso, Campos Verdes.

— Você tem certeza? E é por aqui?

— Isso é o que ela está dizendo.

— Eu não conheço, Mary Ann. Morei aqui a maior parte da minha vida e meu avô era coveiro e nunca ouviu falar de Cemitério Campos Verdes.

— Bem, ela está dizendo que existe e é perto da sua casa.

— O que mais ela está dizendo?

— Eu não sei, acabou de ir embora.

Mary Ann e eu conversamos por alguns minutos sobre quais seriam os nossos próximos passos. Defumação mais uma vez nos próximos dias e depois ligar para ela novamente para receber mais instruções.

Desci as escadas, entrei na sala de brinquedos e liguei o computador. Esperei um momento para que ele inicializasse e me perguntei onde os espíritos tinham ido. Eles poderiam simplesmente se teletransportar para outro lugar num piscar de olhos? Ou atravessavam a porta e saíam da casa, para o ar livre? Onde um fantasma ia, afinal, quando não estava assombrando uma casa?

Eu pesquisei no Google Cemitério Campos Verdes e Nova York, convencido de que não encontraria nada.

— Ai, meu Deus — disse em voz alta. Lá estava o Cemitério Campos Verdes. Cliquei no link e vi que ele ficava a apenas dez quilômetros da minha casa.

— Grace! — chamei. — Você não vai acreditar nisso.

Capítulo 12

O cemitério Campos Verdes* está localizado na Nassau Road, em Uniondale, Nova York, a apenas onze quilômetros de Curtiss Field, onde Charles Lindbergh iniciou seu lendário voo transatlântico solitário num avião, em 20 de maio de 1927. Na época, as pessoas achavam que Lindbergh possuía uma força e determinação sobre-humanas para suportar o voo de 37 horas sozinho na escuridão e no frio intenso. No entanto, o tempo que passou no avião pode não ter sido tão solitário quanto muitos acreditavam. Vinte e cinco anos depois, ele falou sobre os espíritos que o ajudaram na travessia em seu livro *The Spirit of St. Louis*:

> Esses fantasmas falam com vozes humanas — são amistosos, têm formas etéreas, sem substância, capazes de aparecer e desaparecer à vontade, atravessar a fuselagem do avião, como se não houvesse nada ali. Antes, havia muitos aglomerados atrás de mim. Agora, só restam poucos. Cutucam, um de cada vez, o meu ombro para falar acima do ruído do motor, e depois recuam e se unem ao grupo lá

---

* No original, Greenfields Cemitery. (N. da T.)

trás. Às vezes, as vozes saem do próprio ar, claras mas longínquas, viajando distâncias que não podem ser mensuradas pela escala humana, vozes familiares, conversando e me dando conselhos sobre o voo, discutindo os problemas da navegação, tranquilizando-me, transmitindo-me mensagens de importância inatingível na vida comum.

Curtiss Field hoje abriga o shopping Roosevelt Field. Perto de Uniondale há um bairro de classe média, habitado principalmente por famílias afro-americanas e latinas. O cemitério está no lado sul da cidade e abrange vários quarteirões. Quando virei na entrada pude ver estátuas de santos e anjos e me perguntei se os espíritos de Lindbergh tinham essa aparência.

Depois que contei a Grace, na noite anterior, sobre a minha conversa com Mary Ann, estava me sentindo como Fred do *Scooby-Doo*. Acabei convencendo-a a ser a minha Dafne e vir comigo fazer uma investigação.

— O que faremos com as crianças?

— Vamos levá-las.

E assim como a minha família fazia comigo, eu fiz com a minha família: levei-os para um passeio de fim de semana a um cemitério da região.

Segui para o estacionamento ao lado do edifício da administração. Grace disse que preferia esperar lá fora com os meninos e eu saí do carro e fui até o escritório.

Lá dentro, o lugar era decorado com painéis de madeira antiga dos anos 1960 e 70 e um tapete desbotado. O lugar era limpo e tranquilo e um homem de cabelo e barba brancos perguntou se poderia me ajudar.

— Sim, estou tentando encontrar alguma informação sobre uma pessoa enterrada neste cemitério. Você tem "Boxes" enterrados aqui?

Antes de concluir minha frase eu percebi o que tinha dito.

— Ah, temos um bocado de "boxes*" aqui — disse o homem, revirando os olhos.

---

* *Boxes*: caixas, em inglês. Nesse caso, caixões. (N. da T.)

Uma risada irrompeu de um canto do escritório, onde uma mulher de óculos digitava no computador.

— Ah, que bom, mas na verdade estava me referindo a alguém chamado Box. Com o sobrenome Box. É um nome pouco comum; nunca vi ninguém com esse sobrenome.

— Ah, sim, há um monte de Boxes enterrados aqui — disse a mulher que digitava num canto. Ela estava na casa dos 40 anos, tinha cabelos loiros e lisos, olhos miúdos e usava óculos.

— Era um sobrenome bem comum um tempo atrás.

O homem puxou um lápis e um pedaço de papel e perguntou:

— Ok, então quando ele morreu?

— Na verdade, é "ela".

— Quando ela morreu? — perguntou o homem, revirando os olhos, com ar de enfado.

— Não sei. Virada do século, talvez.

— O quê, como 2000?

— Não, não. Desculpe. Como 1900. Por volta dessa época.

Ele foi até um arquivo giratório que ia até o teto, apertou um botão e uma enorme engenhoca de aparência medieval começou a girar como uma roda-gigante e depois parou. Eu me perguntava se haveria em outra sala um abrigo contra bombas da época da Guerra Fria.

— Primeiro nome?

— Não sei.

— Você não sabe o primeiro nome?

Ele pôs a mão no quadril e inclinou a cabeça. Se tivesse uma arma, tenho certeza de que teria dito, "Mãos ao alto, seu espertinho". Em vez disso, perguntou:

— O que está querendo, afinal?

Eu não sabia o que ele estava querendo dizer com aquilo. Será que achava que eu fazia parte de algum culto satânico ou estava à procura de um nome para fazer um cartão de crédito falso?

Balançando a cabeça, eu disse:

— Olha, você não iria acreditar em mim se eu dissesse. Você pode apenas me dizer se existe alguma mulher de sobrenome Box enterrada aqui desde o final de 1800 ou início de 1900?

Ele começou a repassar rapidamente as fichas do arquivo, parando às vezes para verificar um nome e uma data. Depois de um minuto ou dois, olhou para mim e disse:

— Então você procura uma mulher, certo?

— Isso mesmo.

— Tudo bem, então você não quer este aqui... Eu só tenho uma garotinha, de 1 ano de idade, chamada Clara Box. Morreu em 7 de março de 1927.

Um arrepio transpassou o meu corpo e por um breve momento senti como se fosse desmaiar.

— Como é que é? — perguntei.

— Clara Box. Um ano de idade. Morreu em 7 de março de 1927.

E ele colocou o cartão de volta no arquivo.

— Espere. Você pode colocar essa ficha de lado e procurar um pouco mais?

— Por quê? Você disse que estava procurando uma mulher.

— Bem, sim, mas queria que você procurasse mais um pouco — eu pedi.

Eu senti como se estivesse sob o efeito de um feitiço. Outro minuto se passou. Senti minhas mãos começarem a suar e olhei em torno da sala, nervoso e ansioso. Isso é tudo uma coincidência maluca ou o quê? Será que essa menina está de alguma forma relacionada com a mulher que morreu?

Então ouvi palavras que me trouxeram de volta à Terra.

— Eu acho que encontrei o que está procurando. Aqui está. Hannah Box. Morreu em 1899.

O homem anotou todas as informações para mim. Agradeci e, quando eu estava prestes a sair, ele me perguntou:

— Pode me dizer o que você está procurando?

Voltei-me para ele e comecei a contar a história; quando acabei, percebi que já tinha se passado quase meia hora.

— Essa coisa de 7 de março é muito estranha — disse ele.

— Eu só não sei o que significa.

Então a mulher de cabelos loiros, que tinha escutado toda a história, falou do outro lado da sala:

— Você não vai acreditar, mas eu me casei em 7 de março. E nem queira saber como tudo acabou.

Capítulo 13

Segundo John Hardon, o anjo da guarda é "um espírito celestial designado por Deus para zelar pela pessoa durante toda a vida dela". Seu papel é "tanto orientar quanto proteger; guiar nossa mente como um mensageiro da vontade de Deus, e nos guardar como um instrumento da bondade de Deus para nos proteger do mal". Mas o que acontece quando alguém morre? Esse protetor nos acompanha pela vida eterna?

Havia uma estátua de um anjo da guarda segurando uma flor na mão direita a cerca de trinta metros do jazigo da família Box. Com as asas estendidas, essa sentinela de pedra andrógina vigiava a Nassau Road. Seus olhos estavam voltados para baixo, de modo que não podia ver a Loja de Acessórios de Carros do Marco, que ficava do outro lado da rua, ou os milhares de carros que passavam pela via movimentada todos os dias. Os anjos, sendo puro espírito, provavelmente não precisam de olhos, mas se você ficar de pé embaixo da estátua pode sentir o olhar dele, vigiando, observando e orando para os vivos e os mortos.

Fiquei ali no cemitério ao lado de Grace. Ela estava segurando Charlie nos braços e eu segurava a mão de Eddie.

Caminhamos até onde deveria estar a lápide de Hannah, mas só encontramos um pequeno obelisco gravado com os nomes de vários membros da família Box. Havia George e Mary Box, e havia uma Jennie, que tinha morrido em 1899. Ela parecia ser a primeira esposa de George. Nenhum traço de Hannah em lugar nenhum.

Fomos para outra parte do cemitério e passamos uma meia hora olhando as velhas sepulturas gastas pelo tempo, em busca de Clara Box, que morreu em 7 de março, 80 anos antes. Ela, também não encontramos. Quando estávamos indo embora, parei mais uma vez no prédio da administração e o homem atrás do balcão pediu desculpas por não me dizer que não havia nada que indicasse a localização do túmulo da menininha. Ele me assegurou de que o túmulo de Hannah estava marcado, mas a essa altura meus filhos já estavam ficando impacientes e Grace estava cansada, então fomos embora e eu os levei para a casa da mãe dela.

Voltei para casa, pensando em todas as pessoas que estavam enterradas no cemitério e como os mortos são logo esquecidos pelas gerações seguintes. Eu pensava muitas vezes no meu avô e ia visitá-lo o ano todo no seu lugar de descanso, no Calverton National Cemetery, mas raramente, ou nunca, pensava no pai dele ou no pai de seu pai. Eles não eram nem sequer uma lembrança para mim.

Eu defumei a casa mais uma vez, como Mary Ann havia sugerido, e nada de estranho aconteceu. No final da tarde lhe telefonei para colocá-la a par dos fatos e contar que eu tinha encontrado uma mulher chamada Hannah Box, mas não tinha conseguido localizar a lápide.

— Ela está bem aqui agora, querido — disse Mary Ann. — Ela diz que você está ao mesmo tempo certo e errado.

— Como assim?

— Está dizendo que o nome dela é Hannah Jane, mas que as pessoas sempre a chamaram de Jennie.

ETERNA SAUDADE

Mary Ann e eu conversamos por mais algum tempo. Eu contei a ela sobre a mchininha, Clara Box, e a correlação estranha com 7 de março, mas ela não pôde me dar nenhuma explicação.

— Eu só vejo espíritos, querido. Não sou numeróloga.

— Poderíamos perguntar a Hannah se as datas estão relacionadas?

— Poderíamos, mas ela já foi embora.

— Você quer dizer para sempre?

— Não, mas acho que está se preparando para ir.

— E o homem?

— Ele não está aí, também. Não gostam da defumação e acho que ele está pronto para ir também.

Há muito tempo a casa não ficava tão silenciosa e, enquanto conversávamos ao telefone, eu andava de lá para cá entre os quartos do andar de cima. Sabia que tudo se encaminhava para um desfecho e, embora estivesse feliz, uma parte de mim não podia deixar de sentir uma certa melancolia.

— Ei, podemos simplesmente nos livrar de Peter e ficar com a senhora Box? — perguntei.

— Não, querido. Eles não pertencem a este lugar. É hora de seguirem em frente.

Eu senti que estava prestes a chorar e me perguntei quantas pessoas de hoje em dia já tinham dedicado um pensamento a Hannah Jane Box, a "Jennie". Eu me perguntava em quanto tempo as pessoas que conheceram Peter Smith iriam se esquecer do seu rosto ou do som da sua voz. Um dos maiores medos de Grace era esquecer como era a risada de seu pai, e de vez em quando eu descia as escadas e a via assistindo vídeos antigos do casamento de algum parente. Seu pai era tímido diante de uma câmera, mas ocasionalmente a câmera se movimentava pelo cômodo e o pegava sussurrando algo no ouvido da esposa. Grace desejava saber o que ele estava dizendo.

— Ok, Mary Ann. O que eu tenho que fazer agora?

— Você mora perto de um necrotério?

— Bem, na verdade, moro. Há um literalmente do outro lado da rua.

— Sério? Ah, então aposto que recebeu um grande número de visitantes ao longo dos anos. Todo espírito preso à Terra visita seu próprio velório e funeral, mas, como as pessoas comuns, eles logo ficam entediados e vão dar uma voltinha.

— Ótimo, então este lugar é como um ímã?

— Você tem dois espíritos na sua casa, então o que acha?

— Tem razão.

Eu contei a Mary Ann sobre alguns dos sonhos estranhos que tive ao longo dos anos e perguntei se ela achava que os dois fantasmas da casa tinham sido responsáveis por eles. Ela duvidou e disse que poderia haver outros espíritos, além dos dois presos à Terra, que poderiam, ou estariam, provocando os sonhos.

— Por mais que você possa ter desagradado o espírito do homem, ele provavelmente estava só tentando chamar sua atenção na noite em que você teve a impressão de que não podia respirar. Ele provavelmente estava tentando protegê-lo.

Ouvi suas palavras e mais perguntas pipocaram na minha cabeça. Espíritos maus assombravam os que ficavam presos entre este mundo e o outro? Será que um espírito preso à Terra podia se comunicar diretamente com os anjos? Os fantasmas podiam correr algum perigo por causa de outros espíritos? Jennie e Peter tinham guardado a nossa casa o tempo todo e perderíamos sua proteção quando eles fossem embora? E o que aconteceria com eles depois que fizessem sua passagem?

Eu não fiz nenhuma dessas perguntas. Em vez disso, tudo o que eu disse foi:

— Acho que preciso mandá-los para a luz, então.

— É, querido, agora é com você.

Capítulo 14

Durante mais de uma semana, nós esperamos alguém morrer. Mary Ann disse que eu tinha sorte de morar tão perto de um necrotério, porque quando alguém morre essa pessoa é cercada pela luz, que funciona como um portal para o outro lado. A luz, no entanto, fica mais fraca à medida que o tempo passa e, se um espírito não fizer a passagem em 72 horas, ele pode se sentir cada vez mais confuso e ficar preso à Terra. Geralmente, os espíritos partem durante o funeral ou quando a família está ao redor do túmulo.

Mary Ann me aconselhou a explicar aos espíritos o que estava acontecendo, mas não envolvê-los ainda mais — "Você vai fazer sua passagem" — e depois conduzi-los até o necrotério e instruí-los a entrar, encontrar a luz e entrar nela.

Ora, as pessoas morriam o tempo todo em Rockville Centre. O Necrotério Macken sempre tinha sido um negócio estável e parecia que quase todos os dias havia um velório acontecendo do outro lado da rua. Assim, o plano era fazer Jennie e Peter irem para a luz no dia seguinte, e pôr um fim no nosso caso de assombração.

Mas, no dia seguinte, não havia ninguém no necrotério. Nem um dia depois, nem nos seguintes.

Na segunda-feira, mais de uma semana depois de Mary Ann me dar suas instruções sobre a defumação, ainda não tinha ocorrido nenhum funeral no necrotério.

— Você deve estar brincando... Está querendo me assustar? — eu disse a Grace na cozinha, enquanto Eddie estava brincando com um boneco de neve de brinquedo na sala.

— Quer dizer, então, que ninguém mais está morrendo em Rockville Centre?

Ao ouvir isso, Grace fechou os olhos, cobriu os ouvidos com as mãos, e disse:

— Você ainda não aprendeu a prestar atenção no que diz?

Ela estava certa. Ela estava sempre certa. Mas a casa estava começando a parecer inquieta novamente e eu não queria ter que fazer a defumação mais uma vez. A última vez tinha sido muitas semanas atrás. Tinha sido um longo ano. E eu só queria chegar a um desfecho.

Mais tarde naquela noite, depois que Eddie e Charlie tinham dormido no nosso quarto, Grace e eu fomos levar a roupa lavada para os quartos, no andar de cima. Quando Grace passou pela porta do quarto de Eddie, a lâmpada estourou. Grace gritou e derrubou as roupas no chão.

— Por que diabos a lâmpada estourou?

Quando ela disse isso, senti algo como uma brisa passando por mim, mas não falei nada.

— Você vai acordar as crianças. Não é nada — eu disse. — É apenas uma lâmpada. Elas vivem estourando.

Achei que estava sendo muito convincente, mas não certo de que as 700 horas de validade da lâmpada tinham se expirado.

— Estou tão cansada de toda essa droga — disse ela. — Só quero que isso acabe.

Eu coloquei meu cesto no chão, ajudei-a a pegar as roupas, e então ouvimos algo que parecia uma pequena motosserra vindo do andar de baixo.

Grace se levantou e tentou descobrir de onde estava vindo o barulho e sussurrou em voz alta para mim:

— O que é *isso*?

— Eu não sei. Eu não sei. — Desci correndo as escadas, contornei uma parede e segui o som, que vinha da cozinha. Parei por um segundo antes de entrar, tentando imaginar o que poderia ser, e aí eu vi. Eu tinha comprado uma escova de dentes elétrica, uma semana antes, e a tinha deixado no andar de baixo, porque não queria acordar meus filhos quando a usasse pela manhã. (Ainda estava me levantando cedo todas as manhãs para rezar e escrever.) A escova estava ligada.

— Que estranho! — disse para mim mesmo, enquanto eu ia desligá-la. Grace voltou lá embaixo.

— Foi a minha escova de dentes — eu disse.

— Ela simplesmente ligou sozinha?

— Não sei. Acho que sim.

— Estamos seguros aqui? As crianças estão seguras?

— Sim. Quer dizer, não sei o que está acontecendo, mas, se Mary Ann achasse que estávamos em perigo, ela teria dito.

Nós dois entramos na sala, sentamo-nos e depois de um tempo ligamos a TV para tentar relaxar. O cômodo estava uma bagunça. Os bichos de pelúcia de Ed estavam espalhados pelo chão, mas nenhum de nós tinha força suficiente para se levantar e guardá-los. Enquanto estávamos sentados ali, o boneco de neve de Eddie começou a cantar sua canção:

Frosty, o boneco de neve, era uma alma muito feliz.

— Que merda é essa?... — perguntei.

Grace apenas balançou a cabeça.

— Eu lhe disse para prestar atenção no que diz…

— Desculpa, desculpa…

— Você tem esse dom de chatear as pessoas nos momentos mais inoportunos e agora foi mais além e resolveu chatear os fantasmas…

No dia seguinte, enquanto eu estava indo para casa, vindo da estação de trem, vi uma pessoa sair do Necrotério Macken, entrar no carro e ir embora. Corri para casa o mais rápido que pude, abri a porta e gritei para Grace:

— Ok, eles estão de partida.

— Quem está de partida? — Eddie perguntou.

— Ah, ninguém. Ninguém está de partida para lugar nenhum.

Grace olhou para mim como se eu estivesse louco.

— Vi pessoas atravessando a rua — eu disse.

— Então é isso?

— É isso aí.

Corri para o quarto de Eddie, no andar de cima, fechei a porta e me dirigi ao quarto "vazio".

— Ok, Peter e Jennie, vocês têm que vir comigo.

Dei a eles as instruções que Mary Ann tinha me dado. Então abri a porta, desci as escadas, disse a Grace e Eddie que logo estaria de volta e atravessei a rua, na direção da porta da frente do necrotério.

— É aqui que nos despedimos. Vocês dois vão ver uma luz lá dentro; vocês precisam entrar dentro dela. Eu prometo rezar por vocês. Sempre vou rezar por vocês.

E ali, nos degraus de um necrotério, rezei o pai-nosso e pedi que tivessem uma passagem segura, para onde quer que estivessem indo.

Dei meia-volta e deixei-os lá. Quando eu estava prestes a atravessar a rua, ouvi a porta abrindo atrás de mim.

— Posso ajudá-lo? — um dos diretores do necrotério me perguntou.

O que eu queria dizer era: "Puxa, senhor, eu estava tentando ajudar um casal de fantasmas a atravessar o rio Styx e achei que o senhor poderia ser de alguma ajuda", mas tudo o que eu consegui dizer foi:

— Sim, eu só queria ver se vocês estavam abertos.

— Estamos abertos.

— Ótimo — eu disse e fui para casa. Liguei para Mary Ann aquela noite e contei-lhe o que tinha feito. Também mencionei todas as coisas estranhas que tinham acontecido na noite anterior: a lâmpada, a escova de dentes elétrica, o boneco de neve.

— Oh, querido, eles estavam prontos para ir. Estavam apenas tentando dizer adeus.

Na manhã seguinte, acordei e ouvi algo que eu nunca tinha ouvido antes. Silêncio. Em todos os meus anos de vida naquela casa, eu nunca tinha sentido uma atmosfera tão tranquila quanto naquela manhã, depois de Jennie Box e Peter Smith fazerem sua passagem. Era como se uma TV fora do ar estivesse ligada desde a primeira vez em que havíamos nos mudado, quando eu tinha 6 anos, e alguém tivesse acabado de desligá-la.

Eram cinco horas da manhã e, em vez de me levantar e rezar no andar de baixo, como eu normalmente fazia, eu fiquei deitado na cama, mantive minha promessa e rezei pelas almas dos mortos.

Poucos dias depois, eu estava indo para casa do trabalho um pouco mais tarde do que de costume e vi um fluxo constante de pessoas no Necrotério Macken. A rua estava cheia de atividades. Portas de carro batendo, mulheres de salto alto ajustando as saias, um grupo de adolescentes com gravatas e camisas abotoadas de alto a baixo fumando debaixo de uma árvore. Algumas meninas riam com os namorados. Pessoas mais velhas vestidas de preto e de cabeça baixa. Algumas pessoas chorando.

Eu não sabia quem tinha morrido, mas ouvi alguém dizer que era muito triste que *ele* tivesse morrido tão de repente. Portanto, era um homem, filho de alguém, possivelmente um irmão ou pai. Era óbvio que conhecia um monte de gente. Enquanto eu caminhava pela rua, imaginei seu espírito em pé ao lado do caixão, vendo os amigos e parentes enquanto prestavam suas últimas homenagens. Fiz uma oração para o homem sem nome e desejei-lhe tanto amor na vida seguinte quanto parecia ter recebido nesta.

Caminhando para casa à luz do crepúsculo, o mundo parecia diferente para mim — do jeito que ele fica quando você se apaixona ou perde alguém próximo a você. John Hardon definiu um milagre como um acontecimento "que supera ao menos os poderes da natureza visível, produzido por Deus para testemunhar alguma verdade ou atestar a santidade de alguém". Se for esse o caso, então no ano anterior eu não tinha vivido uma experiência com fantasmas, mas testemunhado um milagre. A verdade é que ninguém conhece a mente de Deus, e o maior desafio para a fé é perceber que nada acontece sem a aprovação do Todo-Poderoso — seja isso bom ou ruim. Esse é o grande mistério da crença e de aprender a aceitar que pode levar uma vida inteira e, às vezes mais que isso. Mas, tudo é sagrado e às vezes precisamos levar um susto para perceber isso. Eu tinha tido um vislumbre de um mundo invisível. Não posso ver fantasmas nem ouvir os anjos. Mas então, nesse sentido, não posso ver raios ultravioleta, também. Isso não significa que eles não existam ou não tenham alguma influência em nossa vida. Minha mãe sabia disso melhor do que ninguém.

Quando abri a porta da frente, anunciei minha chegada e ouvi Grace e Eddie no andar de cima. Do alto da escada, ambos me contaram, rindo, que Charlie tinha dado risada de alguma coisa, expelido leite pelo nariz e eles o estavam limpando. Eu subi as escadas e quando cheguei ao patamar me virei para a esquerda e vi os três juntos no quarto de Eddie.

Eu olhei para eles, de pé no quarto amarelo, sem armários, e quando atravessei a porta, Eddie veio correndo até mim e passou os braços em torno de minhas pernas.

— Ele sentiu sua falta — disse Grace. — Todos nós sentimos.

— Eu senti falta de vocês, também — eu disse.

Olhei para Grace. Ela sorriu, encolheu os ombros e disse:

— Eddie acordou esta manhã e a primeira coisa que quis fazer foi brincar no quarto dele.

AGRADECIMENTOS

Eu não poderia estar mais feliz por ter Mitch Horowitz como meu editor neste projeto. Sua visão, conselhos, paciência e amizade foram impecáveis. Ele me faz rir. Ele me faz pensar. Ele faz de mim um escritor melhor e, no fim das contas, uma pessoa melhor também. A minha mais profunda gratidão por tudo o que você fez por mim, Mitch.

Nem eu poderia ser mais privilegiado por trabalhar com todas as pessoas maravilhosas do Penguin Group e Tarcher. Quero agradecer a você, Gabrielle Moss, cujo profissionalismo e senso de humor ajudaram a compor este livro através de todos os seus vários estágios, e a Joel Fotinos, cuja liderança ajudou a fazer este livro acontecer. Obrigado a Bonnie Soodek, Brianna Yamashita, Lauren Reddy, Lisa D'Agostino e David Walker, por todo o trabalho duro e orientação. E agradecimentos especiais a todos os meus velhos amigos da Hudson Street, incluindo Kathryn Court, Sabila Khan, Lance Fitzgerald, Leigh Butler, Hal Fessenden, Melanie Koch e Kelli Daniel-Richards. Eu trabalhei com muitos de vocês durante anos, enquanto estava nos clubes de livros, e nem sei dizer o quanto foi emocionante para mim trabalhar com vocês como autor. Obrigado por toda a orientação e amizade ao longo dos anos. Eu realmente sou abençoado por ter trilhado muitos caminhos com todos vocês.

Obrigado a Mary Ann e Ted Winkowski por todo o seu amor e generosidade. Mary Ann, eu já disse isso antes, mas vou dizer de novo: você realmente mudou a forma como vejo o mundo de maneiras maravilhosas, e sinto-me abençoado por conhecê-la. Obrigado por todo o seu apoio e por responder a todas as minhas perguntas com paciência e bom humor.

Um grande obrigado a minha agente, Victoria Skurnick, por ser uma das minhas maiores fãs e uma das minhas amigas mais queridas. Agradeço por todo o incentivo que me deu ao longo dos anos.

Obrigado ao Padre Michael Holleran. Você só chegou na minha vida há alguns meses, mas eu sinto como se o tivesse conhecido desde sempre. Obrigado pelos grandes sermões, pelos seus conselhos sábios sobre o mundo espiritual, e por me orientar.

Obrigado a Jennifer Stallone Riddell pelos seus insights, bom humor e amizade. Obrigado por ler este livro em seus vários estágios e me orientar até a reta final. Você realmente é a maior.

Obrigado a Gilles Dana por acreditar na minha palavra.

Obrigado a Anne-Marie Rutella por todo o seu amor e amizade ao longo dos anos e por me ajudar no copidesque deste livro antes da minha data de entrega. Você estava sob pressão e sua meticulosidade foi muito apreciada. Um agradecimento especial a Anthony I, Anthony II e Aisling.

Obrigado a Noelle Kuchler por ser um grande amigo e por todas as perguntas que me ajudaram consideravelmente na redação deste livro. Eu não poderia ter feito isso sem você.

Obrigado a Loretta Holmes pelo seu entusiasmo e inspiração. Você foi uma das pessoas que mais me apoiaram ao longo da vida. Sua vida mudou a minha.

Obrigado a Deborah Sinclaire por defender este livro, por sua amizade e por todos os risos ao longo dos anos.

Obrigado a Eric Hafker e Michael Stephenson. Vocês são dois dos maiores homens que já conheci e dois dos meus amigos mais queridos. Obrigado por todo o amor, risos, poesia, bate-papos e todo o vinho. Um agradeci-

AGRADECIMENTOS

mento especial a você, Eric, por ter me ajudado nos últimos estágios deste livro. Eu estou muito feliz por você ter lido estas páginas!

Obrigado a Darya Porat, Talia Krohn, John Burke, meus amigos e colegas, por toda a sua generosidade e incentivo.

Vocês todos têm sido ótimos comigo.

Obrigado a Trace Murphy por sua bondade, paciência, amizade e por contar grandes histórias.

Obrigado às seguintes pessoas pela sua dedicação, apoio e amizade: Cindy Karamitis, Erin Locke, Matt Baglio, Becky Cabaza, Charlie Conrad, Jenna Ciongoli, Deb Sabatino, Brandy Flora, Maria Schulz, Tanya Twerdowsky Sylvan, Kristine Puopolo, Tricia Wygal, Amy Boorstein, Therese Borchard, Jay Franco, Carol Mackey, Deb Sabatino, Ryan Buell, Greg Kincaid, Jo Sweeney, Tom Craughwell, Steve Irby, Richard e Joy Newcombe, John Taylor, Kelsey Amble, Brian e Lisa McCarthy, Laurie Balut, Jeannine e Brad Dillon, Sam Honen, Joan Louise Brookbank, Jennifer Walsh, Ray Casazza, Beth Goehring, Sharon Fantera, Larry Shapiro, Laura Balducci, Cynthia Clarke, Doreen Sinski, John "Sargento" Miller, Raquel Avila, Liz Kirmss, Jean Bjork, Steve Scarallo, Anthony Cole, Jill Fabiani, Patricia Clement, Pam Fitzgerald, Ellen Giesow, Karen Strejlau, Amalia Buendia, Michael e Fran Bartholomew, Nancy Schleyer, Maria Theresa Gutierrez, Janet Shavel, Kathy Vella, Robert e Maureen Sullivan, Marc Vital-Herne, Estelle Peck, Patricia Schreck, Maddalena Pennino, Jennifer Kanakos, Sandy Strk, Susan Stalzer, Audrey Puzzo, Michael Palgon, Lisa Thornbloom, Jessica Walles, Kalyani Fernando, Eric Zagrans, Patrick Coleman, Clark Strand, Maria Tahim, Kathy Viele, Alexander Shaia, James Philipps, Maura Zagrans, Jennifer Puglisi, Audrey e Alex Robles, Johnny e Elvira Diaz, e meu amigo Peggy.

Obrigado a Will "Varapau" Romano. Nós somos amigos há mais de 20 anos e você é uma fonte inesgotável de inspiração para mim. Deus o abençoe, cara!

Obrigado a Frances, Josephine, Lenny e Carrie Poppi por todo o seu amor, paciência, orientação e bondade ao longo dos anos. Eu não poderia ter mais sorte por poder chamá-los da família.

Obrigado a toda a galera de Panera, em Rockville Centre, Nova York, especialmente a Christian Alexandre. Obrigado novamente por sua bondade e por sempre se lembrar do meu nome e pelo delicioso café que me acordava cedo naquelas manhãs em que eu ia escrever na janela que dava para Merrick Road.

Obrigado a Annie Leuenberger por todas as histórias de fantasmas e por sua amizade duradoura e amor ao longo dos anos. Você é, e sempre será, uma das pessoas mais importantes da minha vida.

Obrigado a Michael "Leo" McCormack por seu ceticismo saudável, seu humor, sua lealdade e todo o Guinness. Tenho orgulho de chamá-lo de Leo.

Obrigado a Courtney Snyder, pela amizade duradoura e por me inspirar quando eu mais precisava dele.

Obrigado a Jessica Ray por toda a inspiração e por mudar minha vida. Deus abençoe você e sua família. Obrigado a minha mãe por todo o seu amor e apoio neste projeto. Você é a pessoa mais corajosa que eu conheço e tenho orgulho de ser seu filho.

Obrigado às minhas irmãs Annie, Mary, Suzie e Julie por todas as lembranças e amor. Todas vocês são bênçãos na minha vida.

Graças ao meu pai, onde quer que esteja.

Como sempre, obrigado aos amores de minha vida, Grace, Eddie e Charlie. Grace, você foi maravilhosa por me aturar ao longo dos últimos anos enquanto eu me dedicava a este trabalho; você continua a me surpreender e inspirar todos os dias. Eddie e Charlie, meu Deus, as palavras não podem descrever como me sinto lisonjeado de conhecer vocês dois! E, por último, este livro é especialmente dedicado à memória de Bert Poppi, Peter Smith, Jane Hannah "Jennie" Box, Clara Box, e aos meus avós Julia e Harry Powell, que me amaram como um filho e que foram dois dos meus maiores campeões.

SOBRE O AUTOR

Gary Jansen trabalhou no setor editorial por mais de quinze anos e atuou como editor-chefe do Quality Paperback Book Club. Atualmente é editor da publicação Crown Publishing Group, especializada em livros sobre religião e espiritualidade. Seu primeiro livro, *The Rosary: A Journey to the Beloved,* foi elogiado por Paulo Coelho, autor do *best-seller O Alquimista,* como "um livro maravilhoso. Não apenas maravilhoso, mas muito importante".

A resenha da *Publishers Weekly* do segundo livro da Jansen, *Exercising Your Soul: Fifteen Minutes a Day to a Spiritual Life,* chamou-o de um autor que "diverte e inspira". Jansen mora em Nova York com sua esposa e os dois filhos.